Big Potential

How Transforming the Pursuit of Success Raises Our Achievement, Happiness, and Well-Being

引爆大潛能

讓個人潛力升級為集體能力的5大成功法則

尚恩．艾科爾——著
Shawn Achor

歐陽端端——譯

本書原書名：《共好與同贏：哈佛快樂專家教你把個人潛力變成集體能力，擴散成功與快樂的傳染力》

目錄

第二部　激發大潛能的五大法則

第六章　遠離負能量的黑魔法防禦術：為自己撐把保護傘——162

推薦序

聚小光成大亮點，才是王道

知名企業講師、《經濟日報》談判祕笈專欄作家 **黃永猛**

我在各地分享領導統御方式時經常提及：「領導者不創造跟隨者，他們只是創造更多領導者。」

領導有兩種，一是英雄型領導者，這類型的人專業能力超高，始終自我感覺良好，重視個人KPI，卻無視他人的存在。另一種是英才型領導者，除了專業能力強之外，還會帶動團隊達成團隊KPI，並培育更多的領導者，形成良性的共贏團隊。

當閱讀本書，看見作者寫道：「我認為，沒有他人的生活是沒有意義的。真正領導力的關鍵，在於激發別人也成為領導者。」這激起我極大的共鳴與認同。

在國際跨國廣告集團BBDO任職時，曾經與廣告前輩針對「創意是天生的個人行為，無法學習」的看法有不同見解，當時我寫文案兼AE，必須整合跨國設計與媒體公關人員形成共識，然後向客戶提案。在動腦會議中，我們眼神熱烈，雖有爭論，卻激盪出跟我原始創意完全迥異的點子。運用這種成功的共贏團隊模式，不僅開發了無數的國際客戶，更獲得第十屆廣告金像獎。當時我雖然以創意掛帥主持會議，但我始終認為我並不是團隊領導者，而只是整合者，同時也是最大的獲益者。

除此，美言一句三冬暖，書中也詮釋不要只看到大明星，更要重視幕後小英雄。小讚美可以激發大熱情，當我們為勝利乾杯時，不要忽略了那些默默工作的小小幕後功臣。同時，作者也強調在職場高度競爭下，我們應避免比較式的讚美，「我們真的想提升他人就要停止比較。」相當發人省思。

以下列舉我誠摯推薦這本書的三大理由：

一、邏輯性

本書作者以神經科學理論為基礎，並融合心理學，在書中列舉諸多活生生的行為科學實證方式與數據分析，更以嚴謹周延的相關性事實、證據、數據，強化全書的邏輯性、科學性與權威性。

二、激勵性

作者引經據典，並引用饒富激勵效果的名人金句，如老羅斯福總統、柯林・鮑爾將軍（Colin Powell）、麥克・喬丹（Michael Jordan）……都能讓讀者心領神會，得到正向的激勵。

三、趣味性

作者以工作與生活中的日常習慣切入，提出非常有趣的個案分析。閱讀本書時，發現很容易就能融入作者精彩的情境中，無論是書中提及「門徒效應」、「黑魔法防禦術」、「持續樂觀的『力量倍增器』」、「潛能生態系統」，「孤狼天才」等篇章，都值得細讀，也值得大大的推薦！

推薦序

閱讀好書，引爆大腦潛能

閱讀人社群主編 **鄭俊德**

關於成功，我們過去常將其歸因於只要靠個人的努力，就能夠最大限度地發揮潛能。但《引爆大潛能》帶我們看到一個更全面的視角，帶來真正的潛能發揮，不僅取決於個人奮鬥，更與周遭人們的成功、幸福和表現密不可分。

那麼，為什麼我們總是專注於個人努力，卻忽略了團隊合作的重要性呢？這很大程度上是受到社會文化和教育系統的影響。

長期以來，成績導向的教育讓我們更重視個人競爭，而忽略了知識分享與協作的價值。

我們強調考試成績、記憶背誦和紙筆測驗，卻忽視了學習過程中的多元表現。

這就像一個孩子拿著九十八分的考卷回家時，部分父母會先問：「還有那兩分錯在哪裡？」而不是關注孩子的學習感受和探索過程。

相比之下，我讀過的作品中提到，以色列和北歐的父母則更傾向於問孩子：「今天在學校學到什麼？有沒有提出問題？學得開心嗎？」這些問題更關注學習的過程和孩子的內在成長，而非僅僅是成績。

《引爆大潛能》一書提供了一個打破傳統思維框架的機會，作者指出：單打獨鬥並不是通往成功的捷徑。真正能激發個人最大潛能的關鍵在於與他人建立良好的關係，做出貢獻，並從中獲益。

那麼，如何激發潛能呢？書中提出了五大法則：

一、讓你身邊圍繞正能量：與正向積極的人相處

二、擴展你的影響力：讓每個人都成為領導者

三、激發他人的潛能：打造讚美與肯定的稜鏡

四、遠離負能量的黑魔法防禦術：自我防備，免受攻擊

五、成為正能量的磁鐵：創造集體動力

其中，最令我感觸深刻的是「與正向積極的人相處」。就像古話所說的「近朱者赤，近墨者黑」，這句話提醒我們人際關係的重要性。而心理學的許多研究也證實，人際關係對人格發展和個人生涯的影響甚多。

當然，人際關係的改善需要時間，但我們的大腦改變卻可以更快。只要你多讀一些積極、正向的好書，就是讓大腦圍繞著正能量的好方法，就如同你正在閱讀的《引爆大潛能》。

透過本書的引導，將幫助我們積極行動、正向連結，我們不僅能夠提升個人價值，也能創造集體的正面改變，讓未來變得更加美好。

第一部

小潛力的大問題

第一章

看不見的力量

千座森林都源於一顆橡果。

——愛默生（Ralph Waldo Emerson）

紅樹林的螢火蟲奇蹟

當暮色悄然降臨南亞某座叢林深處一條河流旁的紅樹林時，有位從家鄉華盛頓州遠道至此的生物學家，眺望著位在蛇類出沒的水域旁鬱鬱蔥蔥的奇特景觀。

當修・史密斯教授（Hugh Smith）坐在緩緩漂流的船上時，他肯定聽見那些從洞穴爬出或從巢中飛出的夜行動物，在展開夜間狩獵時所發出的叫聲。我可以想像當時河水在星光下閃閃發光，遠離城市光害的景象，是如此的純粹無瑕。

在一九三五年那個濕熱天候所發生的事件，已在學術史上留下紀錄。史密斯抬頭看著一棵樹，突然間樹冠放出光芒，好似一道閃電從樹中射出，而不是閃電擊中樹木。然後，一切陷入黑暗中，僅在他的視覺中暫留一個燃燒的影像。不久，那道閃電似乎再度劈下，整棵樹再次閃光，又倏忽變暗。這樣的情況在三秒內發生了兩次。

接著，不可思議地，在河流一側約一千英尺內的每棵樹，都在同一時間發出閃光，然後變暗。

想到這位耐心又細心的科學觀察者，懷抱對世界的好奇心而遠離位於太平洋西北方的正常生活，卻在那個夜晚因為這樣一個自然界的奇蹟時刻而得到如此美妙的回報，我的內心感到無比溫暖。

待他回神後，他意識到其實並不是這些樹在發光，而是因為樹上覆蓋著大量同步發光的螢火蟲。回國後，博士將他發現這些螢火蟲群的螢光同步現象撰寫成一篇學術論文。這個發現實在太神奇了。

故事接下來的發展雖然令我感到遺憾，卻也毫不意外：沒有人相信他。生物學家對他的描述嗤之以鼻，甚至說那是捏造的。雄性螢火蟲怎麼可能會在同一時間閃光？這樣做只會降低牠們在潛在伴侶面前脫穎而出的機會啊！數學家也同樣存疑。自然界如何在沒有領袖指揮的情況下，從混亂中產生秩序？而昆蟲學家則質疑，在紅樹林裡能見度極低的情況下，何以上百萬隻螢火蟲能看到足夠多的其他同伴，而產生如此一致的行為模式？這種現象從物理、數學和生物學等各種角度來看，都是不可能發生的。

然而，這並非不可能。如今，由於現代科學的發展，我們知道這種令人困惑的行為，其實是螢火蟲為了演化而產生的。根據莫伊瑟夫（Moiseff）和科普蘭德（Copeland）發表在權威期刊《科學》雜誌上的研究發現，在幽暗的紅樹林深處，當螢火蟲隨機閃光時，雌性回應的機率是三%；但若螢火蟲集體發光，雌性的回應率則高達八十二%。也就是說，**當螢火蟲集結成群體，而非以個體閃光時，吸引雌性的成功率提高了七十九%。**

社會教導我們，應該在眾星雲集的森林成為唯一閃耀的明星，而不是與其他成員一起發亮。畢竟，這不正是我們在學校和公司裡對「成功」的看法嗎？我們希望以第一名畢業，想在最好的公司裡工作，想獲選參與最受矚目的企劃案。我們希望孩子在學校裡是最優秀的學生，在社區裡是最受歡迎的小孩，在球隊裡是速度最快的球員。當各種資源有限時——不論是被頂尖的大學錄取，還是受邀至傑出的公司面談，或是加入最強的運動團隊，我們學到的都是要跟別人競爭，才能讓自己脫穎而出。

然而我的研究顯示，事實並非如此。就像螢火蟲的研究人員發現，當螢火蟲能精準推測彼此的脈衝時間，（甚至精確到毫秒！）牠們的發光就能完美地間隔開，進而避免競爭。同樣地，當我們幫助別人變得更好時，也可以增加彼此成功的機會，而不必互相為敵。就像螢火蟲一樣，一旦我們學會如何跟周遭的人協調合作，我們個人和整個人際生態系統都會更加閃耀。

但讓我們先暫停下來思考片刻。螢火蟲究竟是怎麼辦到的？尤其是在能見度和視野有限的情況下，牠們如何能如此完美地協調彼此發出閃光？波士頓大學和麻省理工學院的研究員米若樓（Mirollo）和斯特羅格茲（Strogatz）刊載在《應用數學期刊》的文章中指出這個令人驚奇的現象：螢火蟲不需要藉由看見其他所有同伴才能出現協調的行動；只要沒有任何一群螢火蟲完全離開其他群體的視線，牠們就能跟彼此的節奏保持同步。換句話說，只要有幾個節點，就能改變整個系統。

我們在「正向系統」方面獲得的最新知識告訴我們，在人類社會中也有同樣的現象。正如你在本書中將會發現，在你的公司、社區或群體裡成為一個「正向節點」，能幫助你身邊的人提高他們的創造力、生產力、能力和績效。這不僅有助於群體更加進步，你也能加倍提升自己成功的潛能。

上述這個引人入勝的故事最後還有一個重要的細節。如今，探索這些叢林的生物學家知道，那些紅樹林散發出的亮光可以綿延好幾英里，這代表其他的螢火蟲因此更容易找到光芒。所以光亮越強，就會吸引越多新成員加入牠們發光的行列。對人類來說也是如此：當你越能幫助別人找到他們的光芒，你們彼此都會更加閃亮。

互相幫助，才能共同進步

在喬治・盧卡斯為締造數十億美元票房的《星際大戰》系列所寫的劇本裡，電影史上最有名的這句話——「願原力與你同在（May the Force be with you.）」，原先並不在其中。起初的版本裡是這樣寫的：「願他人的力量與你同在（May the Force of Others be with you.）。」這段鮮為人知的電影軼事與潛能科學有何關聯呢？正如童書作家羅爾德．達爾（Roald Dahl）所說：「最大的祕密，總是隱藏在最不可能之處。」而我相信，在這一小段台詞裡，也隱藏著人類社會在追求潛能時所面臨的問題，以及如何加倍提升我們的成就、幸福感與快樂指數的祕密。

我們的社會過度關注「如何增強個人的力量」，而非「如何在他人幫助下增加個人的力量」。星光熠熠的好萊塢，向來讚頌個別的超級巨星（畢竟，這世上還有哪個地方的街道，會鋪滿明星的名字呢？）但當我們在公司和學校裡沿用這樣的劇本，只關注個人成就並把「他人」排除在外，就會隱藏住我們真正的力量。但這些被隱藏的力量是可以被激發出來的。

三年前，在我研究成功與人類潛能背後的隱密關聯時，我的人生有了重大的突破：我當爸爸了。

當我兒子李歐來到人世，他可以說是完全無助的，他甚至無法自己翻身。但隨著他漸漸成長，他變得越來越有能力。當他學會每項新的技能時，我發現自己會如同每位正向心理研究員一樣，說這樣的話來讚美他：「李歐，這些都是你自己做到的哦！我真是以你為榮。」然後，李歐會用童稚但驕傲的聲音重複我的話說：「嗯！都是我自己做到的。」

那時我意識到，我們從童年時期到後來成年進入職場，一直被教導要重視個人能獨力完成的事。身為父親，若我只停留在讚美和引導上，我兒子可能會把憑一己之力獲得的成就，當做檢視個人能力的終極考驗。但事實上，這並非唯一的考驗，還有另外一個層次。

下面的循環模式，從我們小時候就開始了：在學校裡，我們的孩子得到的訓練是要自己用功讀書，以便在考試時贏過同學。如果他們做作業時找其他同學幫忙，就會被斥責是作弊。他們每天晚上要做好幾個小時的功課，這迫使他們得用更多的時間獨自學習，而非與他人相處。他們一再被提醒，未來在職場上的成功取決於個人成果，包括他們的學科分數和考試成績。這種單打獨鬥的方式大幅提升了孩子的壓力，也剝奪他們的社交關係、睡眠、注意力、快樂和健康。然而我們不去質問這個制度，反倒指責跟不上狂熱追求個人成就的那些人。在學生即將畢業之際，他們已經疲憊不堪、脆弱又孤獨，還發現當初承諾他們會獲得的成功和快樂，並未在彩虹的盡頭等待著他們。

然後，當那些在學校成績優異的孤狼進入社會需要與人共事，不論是合作將產品推出上市，或是要達到團隊目標時，他們就陷入困境了。相反地，能尋求他人幫助並願意與人共同成長的人，最終才能脫穎而出。那些不僅鼓勵孩子追求個人成就，還強調要與人合作來追求成功的父母，他們獲得的回報是孩子能堅持不懈；而只是督促孩子不斷追求個人成就而犧牲人際關係的父母，則會對孩子的過勞和孤獨感到無所適從。

我們把人生的前二十二年花在被評價和稱讚個人特質與成就上，但事實上，在往後漫長的人生中，我們的成功幾乎完全仰賴與他人的合作。

在過去十年，我跟《財富》100強的近半數公司合作過，前往五十多個國家，研究世界各地的人們如何看待成功、快樂和潛能的概念。我發現，幾乎大多數的公司、學校和機構對於「高績效」的標準，都是以個人指標，如銷售額、履歷表上的榮譽和測驗成績來進行評比。勝利成為王者的規則很簡單：只要比所有人更優秀、更聰明、更有創意，你就會成功。

但這個規則並不正確。你在本書中即將讀到突破性的創新研究。

我們現在知道，**要發揮個人最高潛能，與「適者生存」無關，而與「最適應者得以生存」有關**。換句話說，成功不只與你多富創意、多聰明或多具衝勁有關，更在於你與人建立關係、做出貢獻，並從中受益的能力。

追求潛能不該是踽踽獨行的道路。我十年來的研究結果清楚顯示：單打獨鬥不會更快成功，團隊合作才能讓大家一起變得更好。

我在哈佛大學待了長達十二年的時間，便親眼見證了這一點，看著學生因極度競爭而崩潰，擱淺在自我懷疑和壓力的岸邊。許多人意識到自己已不再是唯一的超級巨星而開始恐慌。他們把自己逼得更緊，與外界隔絕，希望能獨自跑得更快，成為最閃亮的那道光芒，結果卻是深陷黑暗之中。有高達百分之八十的哈佛學生表示，他們在大學生活中曾感到憂鬱。

因為我已到全球各地進行過這項研究，所以我知道這不是長春藤名校學生獨有的問題。在一九七八年，憂鬱症確診病患的平均年齡是二十九歲。到了二〇〇九年，平均年齡已降至十四歲半。在過去十年裡，成人罹患憂鬱症的比例加倍，兒童因自殺未遂而住院的比例也同樣增加，而且年齡最小的甚至只有八歲。到底是什麼樣的巨變導致這個現象？更重要的是，我們該怎麼做才能解決？

我們對個人成就的重視已造成嚴重失控，這主要是因兩個重要轉變而使情況加劇。

首先，科技和社群媒體的崛起讓我們能全年無休地發表個人成就，不斷激發競爭，同時也煽動了人們的不安全感。其次，我們因為要追求更高的個人成就而造成的壓力和競爭，導致工時更長、睡眠更少、壓力更大。

每個人都是大潛能的種子

幸好，有一條更好的路徑已開始出現。

這條令人興奮的嶄新途徑，是受到我最初研究快樂議題時所獲得的啟發。我在《哈佛最受歡迎的快樂工作學》書中曾提過，我們可以透過感恩練習、學習樂觀以及冥想等方法，讓自己變得更快樂。但在實踐的過程中，如果你做這些事只是為了讓自己快樂，那麼你會受困於一個隱形的限制中，使你的快樂既無法持續，也無法提升。

能提高快樂上限的唯一方法，是將你的快樂轉化為讓別人更快樂的動能。**儘管快樂是一種選擇，但它不只是你個人的選擇，更是一種會與人產生連結的選擇。**這是因為，如果你能心懷感恩和喜悅採取行動，別人也會受到你的積極影響，以同樣的喜樂回饋給你，而他們的回應又會使你有更多理由感到快樂和感恩。

以前我們只會以類似下列這樣的問題評斷一個人的能力：「你有多聰明？」或「你多有創意？」又或是「你工作有多勤奮？」但現在，我們能提出更進一步的探問：「你能讓身邊的人變得多聰明？」「你能激發多少創意？」「你在團隊或家庭中具有多大的感染力？」「你能讓別人變得多有韌性？」這些問題能讓我們發現，離群索居無法造就個人最大的成功，**幾乎每一項能表現個人潛能的特質，從智力、創意、領導力，再到性格和積極性，都跟別人息息相關。**

當公司和學校創造極度競爭的環境，並強調個人成就時，這樣做無異於浪費了大量的天分、生產力和創造力。過度強調個人且將他人排除在外，是在我們的潛能開發上設了一個「軟上限」[1]，人為地限制了我們得以企及的成就。

幸而，這種限制是能被打破的，這也是我稱它為軟上限的原因。因為當我們致力於幫助別人實現成功時，不但提高了群體的表現，也使自己的潛力加倍提升。這即是我稍後會在本書中說明的「良性循環」，即正向的回饋循環。在此情況下，當你幫助別人變得更好時，也能為自己帶來更多資源、能量和經驗，這些結果會使你變得更好，進而再度推動這個循環。所以，幫助別人變得更好，也能讓你的成功升級。由此可知：

小潛力是個人可以獨自獲得的有限成功，
大潛能是在群體合作的良性循環中才能達成的更大成就。

在本書中，我會描述我跟其他人合作進行的八個原創研究計畫，同時介紹學術界的頂尖研究，這些研究結合了神經科學、心理學和網路分析，形成正向系統研究的新領域。但我相信，你不只是為了簡單了解這些研究而讀這本書，有更好的書籍可以做到這點。我知道，你想獲得從今天開始就能立刻實行的方法。

所以在過去三年裡，我根據這些科學研究，以及我在美國太空總署（NASA）、國家美式足球聯盟（NFL）、白宮等地的工作，以及與威爾・史密斯、歐普拉、麥克・史垂瀚（Michael Strahan）等成功人士的對話，建構成一套能實現「大潛能」的方法。

---

1 譯注：soft cap 原意指薪資上限，或有直譯為「工資帽」。設此上限的原因，是為防止大球團高薪聘用球員而致小球團難以生存。「軟上限」或「軟性工資帽」是 NBA 讓球隊可以透過特例，以超出薪資上限的薪酬聘用球員。

這套方法包含五個階段，我稱之為「大潛能的種子」，包括：讓你身邊充滿正面影響力的星系；幫助他人發揮領導力來擴展自身的力量；成為讚美與肯定的稜鏡讓光芒反射；保護潛能系統不受到負能量攻擊；以及透過良性循環保持前進的動能。

「種子」是這項研究最完美的隱喻，因為種子無法單獨生長，需要陽光、土壤和水分的幫助。同樣地，你可以發展自己的潛能，但你無法獨自完成這項任務，唯有借助身旁眾人的潛能，你才能獲得最大的成長。

我們不能再滿足於小潛力，更需要將「他人的力量」重新放回生活模式中。而這一切，就從螢火蟲群落中的神祕連結，在哈佛大學赤身裸體，沒有羽毛的雞群，還有拉著歐普拉的手尷尬共舞開始說起。

第二章
潛能不設限

我在哈佛大學當新鮮人那年一月份的某個雪夜裡，我半夜還在為了考試熬夜K書。當時名為「讀書週」的兩週艱苦期將盡，在這段期間裡不用上課，顯然就是要給學生充分的時間讀書以準備考試。但實際上，在這段期間除了考試之外，教授們還會給學生最繁重的作業和報告。不論是在圖書館或餐廳，無處不充滿壓力，學生個個為了發揮最佳表現而進入備戰狀態。

在一個接近午夜的晚上，我因為已經連續盯著課本長達六小時而視力變得模糊，所以我望向窗外讓眼睛休息一下，這時卻看到一個奇怪的景象。數百名學生突然齊聚在我的宿舍前，然後他們做了一件更奇怪的事：他們開始脫衣服。

我的頭腦因為過度學習而疲累不堪，我懷疑眼前這一切是真的嗎，還是在哈佛的壓力讓我精神錯亂了。然後，他們開始尖叫。

之前，我們談到紅樹林裡的螢火蟲，牠們藉由同步發光來吸引伴侶。嗯，現在我即將經歷的就是一場截然不同的「集體發光」。

每年在大考前的午夜，哈佛學生會進行一項叫做「原始尖叫」（Primal Scream）的傳統活動，有人認為這是我們顯然沒那麼清教徒的祖先所創立的傳統。當開國元勳約翰・亞當斯因簽署獨立宣言而留名青史時，他的兒子查爾斯則因和友人在哈佛廣場裸奔被逮而名揚哈佛。他們被學校開除，但之後又被重新錄取（顯然如果你父親是開國元勳，你至少會有一次免於牢獄之災的機會），而他們這個「涼颼颼」的傳統仍延續至今。

三百多年後，那些最英勇和（或）爛醉如泥的學生會在牟沃樓（Mower Hall）前集合，脫衣服，然後凍到不行、全身赤裸的學生們在老哈佛廣場的冰冷地面上慢跑，他們彼此緊捱在一起互相取暖，同時還會有數以百計的圍觀者不斷從他們的宿舍裡湧出。在那短暫的時刻裡，那股擔心自己無法在考試中發揮實力的焦慮，被擔心可能凍傷的恐懼（那是非常真實的恐懼）取代了，更別提還有在同儕面前可能產生的尷尬。

以下會提到我暴露[2]在原始尖叫裡的初體驗——還請大家原諒我使用這個雙關語。

現在，我要暫停一下，為不認識我的讀者介紹關於我的兩個重要背景。首先，我來哈佛前幾乎都是生活在德州的韋科市，在那裡不但非常鼓勵大家穿衣服，而且在雪地裡裸奔更是前所未聞，因為那裡根本沒有雪。其次，我很害羞。我從沒進過夜總會，從沒在酒吧裡跟女生搭訕，也從未裸泳過。然而那天晚上，當我在一樓的宿舍看見這個奇觀時，我擔心自己會錯過精彩的大學生活。我在那裡像修道士一樣關在宿舍裡，讀著關於奧古斯都統治下的羅馬城生活，而我的同儕卻在盡情地體驗大學生活。所以，我決定要加入他們。

我累得糊里糊塗的腦袋當下決定，最好的辦法是在房間裡先脫好衣服，然後在隊伍其他人前往廣場途中經過我宿舍時，摸黑偷偷溜進隊伍裡。就當房門在我身後「砰」地關上時，我立刻發現我犯的第一個錯誤。我是從德州來的，所以我從來沒想過會在雪地裡跑步時（不論赤裸與否）鞋子是很重要的。接著我明白了第二個錯誤：我把回宿舍要

2 譯注：exposure，意指暴露身體或是體驗；在此作者兩意並用。

用到的學生證留在褲袋裡，而那褲子當然是被我留在宿舍房間裡，此刻它正堆在地上皺成一團。就在那時我還了解我犯的第三個錯誤，或許也是最大的錯誤：我單槍匹馬，完全無法隻身一人偷溜進群眾中而不被注意。

隆冬時分我站在那裡，想著我最不願意陷入哪一種窘境時，一位同樣害羞、愛泡圖書館的宿舍女樓友抱著書走出來。看到我時，她驚聲尖叫，然後我倆都採取下面這個傳統的策略：如果我們假裝什麼都沒看見，就能說服自己什麼事都沒發生。我羞紅了臉，腳趾還凍到發紫，偷偷溜進門內進到我的房間，用人體極限的最快速度把衣服穿上。之後在大學的日子裡，她從沒提過我試圖參與這個具有三百年傳統卻胎死腹中的計畫：我的裸奔之旅在我房門外的兩英尺處就結束了。而我當然也從沒提過，她是我在哈佛念大學時唯一看到我裸體的女孩。

參加比賽的是個人，能絕地逢生的是團隊

寫到這裡，本書因裸體、科學語彙和偶發的成人事件而列入輔導級。但我說這個故事不是為了其中的情色內容，而是它強有力地說明了一個無情但明確的事實：這世上確

實有些事必須要有他人的支持，而且也絕不該獨自嘗試。

孤身一人追求潛力，感覺有點像那個沒穿鞋、也未能趕上哈佛廣場裸奔的大一新鮮人，那樣做既寒冷又孤單，也不可能堅持多久。然而，在一群人中跑步比較像是借助了大潛能的力量：即使在極端情況下，你也能跑得更遠。

雷德・霍夫曼（Reid Hoffman）是專業社群網站LinkedIn的聯合創始人暨總裁，他曾做出一個很棒的結論：「不論你的頭腦或策略有多好，如果你玩獨角戲，將永遠都贏不了一個團隊。」蘋果公司已故聯合創始人暨總裁賈伯斯，創立了史上最具競爭力且最強大的一家公司，他說過：「企業的偉大成就從來就不是一個人獨力完成，而是一個團隊合力所致。」美國海豹部隊在特訓時，有時會以勾著彼此手臂的方式做伏地挺身，強調眾人一起度過壓力，而不要獨自承受的重要性。他們還有一句很棒的名言：「參加比賽的是個人，但能絕地逢生的是團隊。」

哈佛的原始尖叫儀式證明了在面臨壓力的時刻，我們更需要別人跟我們勾著手臂同行。這個結論得到《自然》雜誌上一項研究的支持。該研究分析了八萬則大學生的互動資訊後發現，擁有最高成就者是那些最會建立人際關係、且能以更多方式分享資訊的人。

在一篇發表於《實驗社會心理學期刊》的傑出研究中，研究人員發現，若你看著一座山並判斷它的陡峭程度時，只要你身旁有「社交支持」，你的觀點會立刻改變。事實上，如果你看著山時，是站在一個你視對方為朋友的人身邊，這座山會比你獨自面對時平坦十％到二十％。這是個驚人的發現。**當你追求成就時有別人同行，你對客觀世界及現實世界的觀點也會改變。**即使你的朋友離你有三英尺遠，面對與你相反的方向，而且在保持安靜的情況下，結果仍然不變！這符合人類演化的道理：他人能為我們提供資源和支持。所以從心理和生理上看，當我們有人陪伴，將更有可能征服高山、獲取成功、克服障礙。

那麼，為什麼人在工作上碰到壓力時會想回到自己的座位或辦公室，將自己跟同事隔離開來完成工作呢？為什麼大學生在面對壓力時會避開朋友，逃到圖書館的角落，或是透過攝取大量的咖啡因、服用治療過動或注意力不集中的阿得拉（Adderall）和抗憂鬱藥物呢？

我在哈佛擔任大一新生輔導員，審閱數百名學生的入學檔案時發現，絕大多數學生都要求住單人宿舍，而不希望跟室友同住。這不是因為單人房比較大或比較好，而是他們誤以為身邊有人會讓他們分心或減少他們的競爭優勢。但這樣做，這些學生就錯失了一項確實能預測長期成功和幸福快樂的關鍵因素：他人。這也是為什麼哈佛迫切需要一門叫做「心理學1504[3]」的課程。

「最適應者」比「適者」更能發揮潛力

塔爾・班夏哈博士在這方面的成就遠遠領先其他人。在他開始於哈佛教授「正向心理學」之前，這門學科還鮮為人知。就在我的「閃光實驗」失敗後不久，哈佛這位最具創見又真誠可靠的教授，開設了一門實驗性的研討課程。隔年，塔爾邀請我擔任他心理學1504課程的首席助教，從此將正向心理學引進全校。

雖然哈佛給了我們學校裡最大的教室，但第一天來上課的學生多到爆，人滿為患。接下來的兩年，每五個哈佛學生就有一人選讀這門課。看來，哈佛學生特別迫切想知道

3 譯注：哈佛大最受歡迎的正向心理學課程（哈佛課程編號1504）。

如何在極度競爭的環境裡改善情緒健康。

在那段時間，我設計並執行了一項哈佛有史以來最大型的個人潛能研究。由一千六百位哈佛學生填寫一系列經過實驗證實的心理測試工具和其他問題，約需一小時才能完成。我的目的是找出能預測誰會是哈佛最快樂且成功的個人特質矩陣（matrix）。換句話說，我能預測出「最完美」的哈佛學生嗎？

我們搜集的數據太過龐大，以至於我那台低階又廉價的筆電不斷當機。我的資料鉅細靡遺，從學生的家庭收入、他們在高中的GPA和SAT成績，到他們的睡眠時數、修幾堂課，還有參加多少社團等。

但當我開始分析資料時，立刻注意到一個問題。這些學生的個人特質和他們的表現與成就幾乎無關！從統計上來看，SAT分數滿分的學生也可能所有科目的分數都拿C。窮學生和他們的富同學相比也一樣快樂，且成績相同。一個人臉書上的好友數量甚至與他性格是否外向無關。就在我因為花費那麼大的功夫，卻找不到任何顯著關連性而感到沮喪時，我終於發現了一個天大的例外，那就是：社交關係。

我用最著名的驗證量表，來測量一個人自覺在生活中與人建立關係以及獲得社會支持的程度，發現社交關係是哈佛人在求學生涯中成功與否的最重要預測因子。它決定了一個人情緒是否健康快樂，能否有效抵抗憂鬱，也能預測學生在面對考試和學業競爭時所感受到的壓力程度。事實更證明，它還成為學生畢業後，能預測其事業長期表現最大因素之一。這個證據似乎支持一個驚人的結論：在哈佛表現是否優異跟學生的個人特質關係不大，而是跟他如何融入校園文化和同儕群體的能力有更大的關聯性。

換句話說，**在哈佛成功的潛力與「適者生存」無關，而與「最適應者生存」有關。**「適者生存」是最強大或最有競爭力的個體，能在競爭中存活下來；而「最適應者生存」不一定是最強大的，但在特定環境中是最能適應、最合適的，所以更有可能生存和成功。

表面上看來，那些會成功的人似乎都是最閃耀的超級巨星，但事實上，真正的光芒是來自在星座中能找到適合自己位置的人。而且我也很快明白，這個觀念在哈佛之外也同樣適用，對我們如何看待公司、團隊、生活和事業中的潛能更有巨大的影響。

發揮1＋1大於2的集體智力

在我寫這本書的前一年，我受邀到谷歌的一個名為「re:Work」的研討會上演講。會議的目的是將好的想法變成人們可以修改和共享的「開放原始碼」（open source），供組織變革所用。

在我演講的前一晚，我參加了一個晚宴，地點是在一家燈光昏暗、以雪松木裝潢設計的素食餐廳（那正是我所期待的加州和谷歌風格）。當時我坐在一位笑容滿面的男士旁邊，我沒認出他是誰，但他對我的研究提出了幾個相當有趣的問題。直到隔天早上，那位男士登上講台，我才知道他不僅是研討會的主席，還是全球最受敬重的一位企業領導人。

拉斯洛・巴克（Lazlo Bock）是享譽國際的谷歌人力資源部總監。他兼具才智、寬厚、專注的領導特質，使他連續多年成功讓谷歌成為求職者最愛的頭號公司，也為他贏得「十年最佳人力資源專業人士」的榮譽。正如他在暢銷書《谷歌工作規則》（*Work Rules!*）中所述，谷歌能持續聘用最有創意和高潛能員工的關鍵，在於公司蒐集了幾乎涵蓋所有事物的大量數據。

「大數據」這個名詞是指我們每次造訪網站、使用社群媒體、進行線上購物等活動時所生成的大量數據集。這個概念近年來備受關注，因為我們現在可以使用複雜的演算法來分析這些數據，找到各種趨勢和模式，進而深入了解人類的行為。

大數據正在改變一切，從企業如何經營，到政府如何了解人口趨勢，再到醫生和公共衛生人員如何檢測疾病等。但相對鮮為人知的是，大數據也是可以幫助我們了解大潛能的一項有力工具。如今，已有許多數據，能讓我們不再受限於測量如智力、創造力和快樂的個人指標，更可以評估我們對他人智力、創造力和快樂的影響。

因此幾個月後，當歐普拉要我幫她的幸福課程找到五位領導人接受訪談時，我欣然接受這個請託，打電話給拉斯洛，希望了解這個全球數一數二的成功企業是如何預測卓越和潛能。換句話說，我想了解「亞里斯多德計畫」（Project Aristotle）。

為了解開真正的潛能密碼，谷歌知名的人力分析團隊，其數據科學家推動了一項名為「亞里斯多德計畫」的大數據方案。他們初衷是要創建完美的團隊。表面上看來這項工作似乎很簡單，如果你要建立一個夢幻團隊，只要找那些表現最優異的人作為成員就行了，對吧？所以下一個問題是，你找的人要有什麼樣的特質？高智商？精通數種語言？可以用心算解出二次方程式？基本上，亞里斯多德計畫就是運用史上最強的演算法技術來找到這些問題的答案。藉由分析包括一百八十個團隊數萬次回應在內的大量數據，從內在性格、技能組合、智力、個性到背景等因素，試圖描繪出職場最優秀人才的輪廓。

結果他們發現，根本沒有所謂的「最優秀人才」。亞里斯多德計畫得到的結論跟我在哈佛的研究結果十分接近：在衡量潛能時，「個人特質」和「能力」無法有效預測一個人在團隊中能否成功。谷歌人力分析部門的領導人之一艾比・杜貝（Abeer Dubey），言簡意賅地總結道：「在谷歌，我們擅長『找出模式』，但在這個計畫裡，我們找不到明顯的模式。在這種情況中，『誰』的這個因素似乎並不重要。」

哇！想想看，這家史上最擅長尋找模式的公司，竟然無法找到一種模式，能預測若是透過訓練個人技能，此人在團隊中能否成功。也就是說，你在團隊中的成就，與你有多聰明，你有多少個學位，你的個性如何、你的成績，或你多有創意、會說幾種語言無關。

一如我在哈佛所發現，以及谷歌利用當前最先進的數據科技所證實的，那些用來計算成功和潛能的變數是錯誤的。為什麼呢？因為那些是個人特質。換句話說，「誰」的這個部分只能衡量你的「小潛力」，而「小潛力」遠不足以預測你在工作和生活中的所有成功能力。

然而，我們在入學檔案、求職申請、面談以及其他形式的評量中，卻都將焦點錯置在「誰」這個因素上。就像史密斯教授發現螢火蟲同步發光這個現象，促使科學家質疑他們對動物行為的認知；谷歌也在質疑一些關於潛能本質的概念：技能、智力、個性和身家背景，這些因素怎麼可能和成功沒有關係呢？

如果個人特質無法預測成功和潛能，那什麼可以做到呢？答案顯而易見：即你周遭的人際生態。

亞里斯多德計畫發現，如果該團隊：一、成員具有「高社會敏感性」，也就是強烈意識到社交關係的重要性；二、團隊營造出每位成員都能平等發言，且可以安心分享個人想法的環境，那麼團隊就能連續發揮最好的表現。

長期以來，我們總是在個人層面上衡量智力，就像我們檢視創造力、積極性和韌性一樣。但事實證明，我們並未能檢測出一些影響力更深遠的因子。根據《科學》雜誌的報導，來自麻省理工學院、聯合學院和卡內基梅隆大學的研究人員，終於找到一種可以有系統衡量團隊智力的方法，而不僅是測量個人智力。就像我們評估一個學生能如何成功解決問題一樣，現在我們也能預測一群人在解決一個或多個問題的成功程度。

大家很容易假設，如果把一群高智商的人放在同一個團隊裡，他們自然就會表現出高集體智能。但事實並非如此。研究發現，**如果每一個成員的能力都是中等程度，但卻擁有集體智力的團隊，它的成功率將遠高於一個天才團隊**。

研究人員得出結論：「能解釋團隊在各種任務中表現的『集體智力因素』是一種團隊本身的特質，而不僅是其個別成員的特質。」換句話說，最聰明的團隊並不一定是由最聰明的人組成，或是正如亞里斯多德的名言所述：「合作所創造的成果，大於單打獨鬥的總和。」又或者說，1＋1大於2。

這表示我們該用全然不同的方式來看待工作表現。我已經為符合大眾定義的「高潛能」員工做過八百多場演講，但我現在知道評估人員只能測量出個人的「小潛力」。我和我的研究團隊發現一個驚人的事實：你的潛力遠超乎你所擁有的。因為你的成功、幸福和表現，都跟你周遭人的成功、幸福和表現息息相關，因此你的潛力是擴及至你能如何影響和推動整個團隊。

造就你成功的種種特質，都與他人緊密連結，當你幫助周遭的人變得更好時，你不僅提高團隊的集體表現，也提升了每個成員的表現。此外，**當你致力於幫助別人更加成功時，你自身成功的隱形上限也隨之消失。**

你快樂，別人也會快樂

在黃石國家公園重新引入灰狼前，整座國家公園只剩一個河狸聚落，部分原因是大量麋鹿啃食柳樹所致。但當灰狼回到這個環境，使得麋鹿得不斷遷移，所以不會留在同樣的地方啃咬柳樹，這讓樹木得以生長，為河狸提供了築壩所需的木材。因此河狸重返黃石，植被得以茂盛，整個自然環境因而恢復平衡。真是令人難以置信，一個改變就能引發一連串的連鎖反應，徹底翻轉整個生態系統。

我們也可以在我所謂的「潛能生態系統」，亦即決定我們成就和表現的關係網絡中，看到類似的連鎖反應。

多年來，全球各地的公司、學校和社區都以有限的方式來衡量成功和潛能。他們都認為，造就我們潛能的特質，從智力、積極性、創造力，甚至健康狀態，都只屬於個人而且是固定不變的。然後他們會根據單一的數據，像是你個人的銷售目標、你唸哪個學校的研究所，或是你的智商等，武斷地決定該聘用或晉升哪位候選人、要投資哪一家公司，或是錄取哪一名學生。

但現在我們知道，那些造就我們潛能的特質既不是個人獨有，也非固定不變；它們與我們的人際生態系統緊密相關。藉由大數據和正向系統研究的幫助，讓我們能夠看到之前隱藏不見的模式。特別是有史以來，我們首次開始將個人對周遭人群的影響，還有那些人對我們的影響予以量化。

人際潛能生態系統初始研究的核心其實是心臟——確切地說，是五千顆心臟。著名的弗雷明漢心臟研究始於一九四八年，它是目前證實「大潛能」基礎理念的最重要研究之一。在二〇一七年，即進行該實驗近七十年後，我受邀至美國國立衛生研究院演講，該機構負責提供經費給這個深入探究心臟疾病風險因子的研究。這項在麻州弗萊明罕進行的長期研究，揭示了社會關係與心血管健康的重大關聯性。

儘管他們的研究結果範圍廣泛且複雜，無法在此完全闡述，但我從那次會議中獲得的重要訊息是：在我們身邊的社群團體或人際網絡中如果有健康狀態良好的人，也會提升我們更健康的機率。這個結果及其他類似的發現，都為結合正向心理學與大數據的研究廣開大門，進一步顯示社交系統對我們身體健康之外的層面也有強烈影響。

與此同時，在查爾斯河對岸的哈佛大學醫學院研究員尼古拉斯・克里斯塔基斯，與加州大學聖地亞哥分校的詹姆斯・福勒，聯手將此類研究往前更推進一步。他們想知道，如果我們的身體健康是彼此互有關連，那麼人們的心理健康和快樂程度是否也會互相影響呢？結果，他們發現這個關連性遠超乎我們想像。**如果你變得更快樂，那麼在你周圍半徑一英里[4]內的朋友也會變得快樂的可能性高達六十三%。**哇！

同樣地，如果你現在不快樂，但待在快樂的人旁邊，那麼你變快樂的可能性也會大幅提升。簡而言之，周圍有快樂的人並不保證你一定會快樂，但它確實能明顯提高你快樂的機率。

4　譯注：一英里等於一・六公里。

這個發現只是冰山一角。現在我們知道，並非只有健康和幸福這兩種特性有關連性，包括性格、創造力、能量、積極性、領導力，甚至銷售業績，都可以從你周圍的人預測出來。換句話說，**與高潛力的人交往，能大幅增加你獲得高潛能成效的可能性。**

發表於權威心理學期刊《人格與社會心理學期刊》一份具指標性的研究指出，密西根州立大學的研究員徹底顛覆了我們對性格的理解——性格不再是「一系列個別的個人特質」，而是「一組相互關連的特質」。事實證明，我們身邊的人不僅會強烈影響我們的個性，而且這種影響從我們年幼就開始生根了。例如，研究發現，當三、四歲的孩子周遭有勤奮或懂得社交的同儕時，他們也會變得更認真且更善於交友。

同樣地，他們發現如果孩童周遭都是專注、細心又活潑的人，他們也會內化這些特質。反之，當孩童的同伴是無法專心、個性叛逆或衝動的人，孩子也容易被同化。研究者之一的珍妮佛・沃爾汀・尼爾（Jennifer Walting Neal）寫道：「我們發現，**性格特質在兒童之間具有感染力，這有悖於一般認為性格是天生且無法改變的假設。**」

其他的特質，包括耐性、活力和內向／外向，也都具有「感染力」。當巴黎的研究人員要求受試者在觀察臥底研究員（實際上是人工智能演算法）的決策後做出一些決定時，他們發現，當受試者發現較偷懶的決策時，他們更有可能做出懶散的決定；當他們發現耐心且審慎的決策時，他們在做決定時也會更加慎思熟慮。

儘管我們很容易判定自己是活力充沛或疲憊不堪、內向或外向，但研究人員發現，這些特質是屬於「情境依賴性」的，也就是取決於你周圍的人。根據哈佛教授布萊恩・李托（Brian Little）的研究，一個輕度內向的人在一群更內向的人中會變得比較外向，而一個輕度外向的人在更外向的人面前會變得安靜且更內向。

人際連結，會放大我們的能力

甚至天才特質也是互有關連的。以愛迪生為例，他是現代最多產的發明家，擁有一千九百多個專利權，然而歷史學家很難確定他是否真的獨自發明過任何東西。事實上，大多數聲稱由愛迪生所發明，其實都是他與合作的發明團隊共同創造的。這並不是說他不聰明，而是說他是讓我們明白個人與他人潛能之間有關連性的好例子。愛迪生能成為史上最重要的發明家之一，正是因為他幫助他的團隊更有創意，而他也充分利用自身人際生態系統中的所有力量。這就是大潛能。

我以前的莎士比亞教授瑪喬麗・嘉柏（Marjorie Garber）曾在一次演講中說過，隨著時間的推移，大家都把「天才」這個字的意思曲解了。她說，它的原意是指你可以「擁有天賦」，但無法「成為天才」。我認為，**大潛能就像天才，或是和創造力、靈感一樣，並不是你能「擁有」的東西，但你可以善用它。**

有別於「孤狼天才」的迷思，一個人的創新和創意，與其自身特質或能力的關係，遠不如與在你身邊的人來得密切。你想想，為什麼世上一些最偉大的藝術成就都源自作曲家、作家和藝術家雲集的沙龍、藝術家團體或是群聚？為什麼音樂家和文化工作者熱衷參加相關的節慶，而作家會聚集在僻靜的寫作靜修之地？那是因為他們知道，與其他的創作者在一起，是激發創意能量的最佳方式，這也是我在第三章中所說的「正面同儕壓力」。

在職場中也是一樣，我們需要其他人來激發並引導出我們的創意。一項研究發現，在擁有革新型領導人的環境下工作，會比在交易型領導人的環境中更有創意，也更具彈性思維（這是創新的要件）。革新型領導人擁有清晰的願景，並鼓勵下屬創造新點子與新觀點；交易型領導人則會在個人單獨進行的高績效工作中直接給予讚美和獎勵。

我們周遭的人際生態系統甚至會對我們的道德感和慈善行為有深遠的影響。研究人員凱蒂・卡門（Katie Carman）到一家擁有七十五位員工的公司進行研究，以了解每位員工平常會捐多少錢給聯合勸募協會。然後，她進一步調查，當員工被調到公司其他部門，也就是受到新環境的影響時，會發生什麼情況。令人驚訝的是，平時不捐款的人被調到與會捐款的人坐在一起時，每當鄰近的同事平均多捐一美元時，那位被調動的同事也會增加〇・五三美元的捐款。我們慷慨解囊的行為不僅是個人的選擇；我們同時也在不斷塑造他人，並被對方的給予、寬恕和投入的心血所影響。

即使是我們的學習過程，也會受到周圍人影響。史丹佛大學和范德比爾特大學的研究員，藉由一個稱為「貝蒂的大腦」的程式證明了這點。貝蒂是他們引進中學課程學習裡的虛擬人物，目的是要觀察當學生收到指示去「教」貝蒂環境科學的基本原理時，會發生什麼情況。結果是：學生們花了更多時間一再複習教材，因而對教材有更深入的理解和掌握。當我們要教導別人，而不只是單純為了個人知識而學習時，我們能學得更好，這種情況叫做「門徒效應」。這也是透過讓別人變得更好，實際上也會提高自身潛能的絕佳例證。

這些人際連結，能夠放大我們的能力，達成更多我們無法獨力完成的事情。能學好一種語言固然聰明，但能幫助別人學會說那門語言會更令人刮目相看。習得韌性和生存技能是一回事，幫助受傷者在暴風雨中得以存活更令人敬佩。在工作上自動自發是一回事，在動盪和未知的困境中能激勵團隊獲致成功則更卓越。

我們所受的教育告訴我們，若要實現個人潛能，就必須在激烈的競爭中擊敗對手。然而一旦我們了解成功是互相連繫的，另一種更好的做法突然就出現了。**實現大潛能的關鍵在於團隊合作，而非個人單打獨鬥。**

雞群效應：團隊裡人人是高手，不見得是好事

威廉・繆爾（William Muir）還是年輕的研究員時，他把整個學術生涯當成賭注，全押在他對蟲子、魚類和家畜的直覺上。

自從達爾文發表有名的物競天擇理論以來，適者生存的概念一直是我們理解生物學和遺傳學的中心思想。然而繆爾相信，在演化成功方面，重要的不是個人層面的物競天擇，而在於群體選擇。不幸的是，科學界早就將群體選擇這個想法視為謬論，並勸告繆

爾如果想在學術界步步高升，最好放棄這個研究。

雖然這些看似是晦澀難懂的學術爭論，然而這兩種理論的區別也與我們對人類潛能的所有信念有關。繆爾決心要打開科學界的眼界，讓他們認識這個理論的價值，於是他進行了一項精彩的研究，揭開影響深遠的驚人事實，而該研究後來在瑪格麗特・赫弗南（Margaret Heffernan）所做的ＴＥＤ演講後變得更有名了。

假設你是養雞場的總裁（先別驚訝，請耐心聽我說），你想培育出產量最高的雞群，最好的策略會是什麼？以往的基因和演化理論給出一個簡單的答案：找到下蛋最多的雞隻，把牠們跟其他高產量的雞隻送作堆，來培育新一代更高產量的雞群，接著反覆進行，直到你擁有世上最精良的雞場。

所以繆爾正是這麼做，他連續培養了七代的雞群。同時，他還保留了一個「正常」組（也就是同時有高產量和低產量雞隻的組合），同樣也培育了七代。根據物競天擇的理論，第一組的最後一代應該會產生出超級明星雞群。但是，並沒有。事實上，繆爾被迫提早結束實驗，原因是高產量的雞隻幾乎都被同伴啄死，僅有三隻存活（而倖存的三隻母雞，身上的羽毛都被扯光了）。相反地，正常組裡的雞隻不但都存活下來，而且羽翼完整。事實上，他們產下的蛋比那些最有價值的明星雞隻還多出一百六十％。

繆爾的賭注得到了回報。「你可以努力維持雞隻的啄食順序[5]」他解釋道，「但若動物不在乎啄食順序，而能夠和睦相處，牠們的精力就轉移到生產上。」換句話說，當一個團體的成員（不論是人類或是雞隻）只專注於以競爭奪取好成績，他們就可能互相殘殺。但若他們彼此互助，每個人都可以成為贏家。

這個結論對我們如何看待個人在學校和組織中的表現有重要的啟示。繆爾寫道：「若一頭豬或一隻雞靠著踩在同伴的肩膀或頭上而爬上最高位階，那麼這樣的培育計畫就無法獲得任何進展。」我在企業界的確碰過很多踩著別人上位的豬頭，和為了成功而不斷啄咬對手的鬥雞。如果你放任他們繼續下去，那你只會剩下幾隻羽毛盡失的雞，他們或許能倖存，卻無法成長茁壯。

每當我們想反抗一個根深柢固的錯誤生存法則時，肯定都會遭到抵制。大潛能面臨的第一個心理障礙是來自「以自我為中心」的觀念。我記得曾跟一位對競爭樂此不疲的華爾街交易員交談，見面才不到一分鐘，他就跟我提到他兒子在足球和長曲棍球場上表現有多優異。當我提到大潛能的概念時，他問我：「為什麼要幫助別人變得更有競爭力？能成為群體裡最聰明或最強壯的人不是更好嗎？」

乍聽之下，這個質疑似乎很合理，而且這種觀點也隨處可聞。但問題是，這個想法並沒有掌握事情的全貌。一個再強大或聰明的人能獨力完成的事，都遠遠比不上他們與團隊其他成員共同合作、並提升群體表現時所能完成的更多。當周遭的人都饒富創意且精明幹練時，也會激勵你變得比以前更有創意或更聰明。

因為我們的潛能並非固定不變，而是一種可再生的資源，當我們挖掘別人的潛能時，它就能以倍數成長。所以當我們對他人技巧和能力的投資越多，獲得的回報也會越大。你可以成為超級巨星，但你無法獨自成為超級巨星。

競爭不是互相殘殺，而是彼此激勵

回想我在哈佛所做的潛能研究和谷歌的亞里斯多德計畫，兩者得出的結論都是：「誰」的因素並不能預測長期的成功，繆爾的研究也證實了此一發現。他解釋道：「眾

5 譯注：pecking order，原指雞群中依長幼強弱而產生的統御順序，若違反者會被啄以示警告。後用以指稱群居動物透過競爭取得社會階層和支配性的現象。

人累積而成的社會效應，遠比個人效應更重要。」為了實現這些效應，我們需要關注的不是培養相互競爭、廝殺到死的頂尖個人，而是要幫助整個團隊變得更好。

在現代職場中，這個結論已逐漸成為能被接受的觀點。隨著公司和制度變得越來越複雜，個人成就變得越不顯眼，也遠不如團隊的整體成果重要。在工作職場上，員工個別接受評量的情況越來越少了。

此外，對領導者個人績效的評估也減少了，相對地，會更重視他們激發團隊潛能的能力。在體育活動中，有人認為得分最多的球員會被網羅進入最好的球隊或拿到最多的獎學金，但球探不會關注輸球的隊伍。職場如球場，在一支很棒的球隊中做個好球員，要比在一支默默無聞的球隊中成為明星球員更好。

而這個現象在未來只會更明顯。正如維吉尼亞大學的研究員發現，在短短二十年裡，員工花在共同合作的時間增加了百分之五十以上。前面提到的谷歌研究則顯示，現在員工一天有超過百分之七十五的時間都花在跟同事或同僚的溝通上。可以說，我們的潛能如今是史上與人最緊密連繫、密不可分的時刻。

在這個快速變化的世界，大潛能幫助我們保有韌性。不論是在生活還是職業生涯中，失敗在所難免。如果你獨自跌倒或精疲力竭，可能得花很長時間才能恢復。但若你的成就跟別人的成功息息相關，你會有團隊的力量支持，直到你恢復精力為止。若你是隻落單的超高產能螞蟻，但你受傷了，那你就麻煩大了。但如果你只是高產能螞蟻中的一員，那麼在你痊癒前，整個蟻群還是可以持續茁壯。

複雜網絡研究中心的領導人艾伯特－拉茲洛・巴拉巴斯（Albert-László Barabási）在他的書《連結》（*Linked*）中指出，任何系統中的問題都能靠內部的相互連繫來防禦和平衡。我們越努力去幫助周遭的人變得更強，我們自己就越有可能得到保護和支持。

我要強調，本書並不是要反對商業中的相互競爭。**我不認為競爭是壞事**。事實上，適度的競爭能大幅激發我們的潛能，並帶來喜悅和能量。

正如達賴喇嘛所言，競爭在「以良好的方式使用時是積極的。只要意圖是為別人鋪路，讓他們的路更順暢，或為他們指引方向，這樣的競爭就是正面的。但如果我們是希望打敗別人，藉此提升自己，這樣的競爭就是負面的。」**大潛能正是要透過提高別人的成功率來獲得競爭優勢，而非限制他們成功**。

我們常聽說，沒有競爭就沒有創新，但這種說法是種謬誤，因為大多數偉大的科學和技術創新，都來自於跨越學術壁壘、國界和語言障礙的研究分享。事實上，任何偉大的創意都不可能獨力完成。我個人就曾被要求簽署過許多令人厭惡的保密協議，就是因為研究人員擔心自己的點子會外洩。然而我發現這種做法適得其反。那些把底牌藏得太緊的人很少是贏家。只有當我們和其他專業領域或觀點的人分享我們的發現，或請不同領域的人對我們的觀念提出回饋，又或是透過潛在用戶試驗我們的想法時，真正的潛能才會突然顯現。

正如現代組織發展之父之一的威廉・愛德華茲・戴明（W. Edward Deming），在評論彼得・聖吉（Peter Senge）的管理經典《第五項修練》（*The Fifth Principle*）時所寫：「人們天生具有動機、自尊、尊嚴、求知欲和學習的喜悅。破壞這些特質的力量始於幼兒期，像是為了萬聖節的最佳造型獎、學校成績、金星獎等而競爭，這種情況會一直持續到大學。等到進入社會工作，個人、團隊和部門都要被排名，名次最高的獲得獎勵，最差的受到懲處。」

如果我們繼續教導我們的孩子（同時他們也是未來的員工、領導者、創新者），要透過互相競爭到達頂端，這樣不但會限制他們的潛能，也會限制整體企業和經濟的潛能。

「讓別人更好」的力量

在我第一本書《哈佛最受歡迎的快樂工作學》裡，我提到儘管人們通常相信追求成功會帶來快樂，但研究顯示這個關係是倒過來的；也就是說，當我們追求快樂時，我們其實更有可能變得成功。

當時我也受到許多質疑，畢竟大家很容易認為快樂是錦上添花的東西，於是會想：「好吧，我先完成這些工作，或者先得到那份理想工作或升遷，然後再去想快樂這個問題。」但二十多年來的研究證實這個思路是錯的，同時也讓你的成功率和快樂大為受限。

同理，人們會認為大潛能是完成其他事情後才需關注的議題，於是認為：「好吧，等我真正成功了，等我變成超級巨星，那我就可以開始思考如何照亮別人的問題。」然而研究結果顯示，這個觀點也是走錯了方向。

事實上，大潛能並不是單向運作，而是正向的回饋循環。我們人際生態系統中的成就會創造一連串的成功，或是我所謂的「良性循環」。

良性循環是種向上攀升的潛力，每一次的成功都會讓你獲得更多資源，而這些資源會反過來使你再獲得更大的成功。正如惡性循環會不斷加劇負面影響，良性循環也會不斷放大正面效果，使未來的進步變得越來越容易。

柯林・鮑爾將軍（Colin Powell）曾說：「持續的樂觀是『力量倍增器』。」力量倍增器可以是你周遭的任何人事物，它們能加倍提升你的能力，使你完成遠超過個人能力範圍的事情。

本書提到激發大潛能的五個策略，已被證實是真正的力量倍增器。根據我在世界各地與各個機構（如：美國太空總署、美國財政部及國家美式足球聯盟）合作的研究和觀察，你會學到如何將這些種子種在最肥沃的土壤中，那就是創造一個環境，讓你對他人的投資能獲得最高的回報，並創造潛能的良性循環。

在第一個策略「讓身邊圍繞正能量」中，我會描述如何透過在你周遭創造一套星系而成為超級巨星。當你幫助別人發光，整個星系的亮度會增強，因而使你自身的星星也更明亮。

在第二個策略中，我會教你如何提升他人的潛能，讓他們成為領導者，進而「擴展你的影響力」。當你越能幫助別人散播他們的力量，你的影響力就越倍增。

在第三個策略中，我將解釋如何「激發他人的潛能」，並討論為什麼這樣做會帶來更多回報。我也會告訴你如何成為「讚美的稜鏡」，以及如何將讚美的光芒向外折射，不只照亮別人，也同時提升自己的地位。

在第四個策略，我會告訴你如何保護自身的潛能，避免受到負面的影響，使你更具韌性。一旦你能應對更嚴峻的挑戰，你會變得更強大，勇於面對更艱鉅的挑戰。

在最後的策略，我會告訴你如何維持潛力的增長，以「創造集體動力」的方式來提高你的潛能上限。在孤立狀態中的成功是有限的，而相互依存的成功能形成正向循環，持續發展。

上述這些大潛能的種子都能形成一個良性循環，不斷提升你的潛能上限。

至今我已經跟無數企業領袖合作過，跟校園槍擊案受害的教師和家長交談，從剛被診斷出多發性硬化的病人身上學到正向思考的力量，也見過許多名人，我所做的這些事，都是希望能理解通往大潛能的路徑。

我常不斷聽到自我設限的諸多說法：「你無法改變其他人。」「人都是個別基因和環境下的產物。」「有些人天生就是那樣。」但這些說法背後沒有任何科學依據。實際上，過去八十年來的每一項研究，只要研究人員在人們的生活中引入能產生顯著結果的變數，都證明你可以改變其他人。事實上，我們無時無刻都在改變別人。

我覺得奇怪的是，當人們聽到「我們無法改變別人」這種說法時會點頭如搗蒜，但五分鐘後卻又說起毒型人在他們的生活或工作中的負面影響。如果你的一天會因為客戶一封憤怒的電子郵件、與鄰居產生的衝突，或是跟經理的不愉快互動而被毀掉，那麼為什麼正面的事情就不能同樣也對你產生影響呢？為什麼與生活中正面積極的人互動不能讓你的一天變得更美好，也讓你更成功呢？

生命的意義是：讓別人的生命也有意義

我們都擁有「讓別人更好」的力量。只要我們願意運用這份力量，就能夠創造無限的可能性。我之所以對此深信不疑，不只因為數十年的研究，更是透過觀察我父親的人生，而親身驗證了這個觀點。

今年年初，我父親從任職三十八年神經科學教授的崗位上退休了。儘管他早期的研究確實幫助推動了整個神經科學領域的發展，但他並未全心投入發表學術論文來獲取自身的成就。相反地，我父親指導的學生數量是其他教授的五倍，同時他也盡到一個好父親的職責，把心力放在我跟妹妹身上。

然而，在他職業生涯的大部分時間裡，他都覺得自己是個失敗者。他不像那些放棄指導學生以追求更多榮譽的同事那樣，發表那麼多學術論文；而且他還曾希望追隨他父親的腳步成為外科手術醫生。他父親在戰場上身受三次槍傷後，仍為傷患進行氣切手術，並因此獲得海軍十字勳章。這是難以仿效的楷模。而且我父親在加州大學洛杉磯分校經歷動盪的大一生活後，儘管接下來三年他都拿到A的好成績，但還是沒能達到進入醫學院的標準。

即使如此，看到他幫助那麼多學生進入醫學院，還有他貼心地陪伴著那些未能被錄取的學生，並幫助他們思考如何走出更好的人生道路時，我明白了真相：他透過幫助那些孩子發揮潛力時，找到了自己的大潛能。

在父親的榮退派對上，席間坐滿深受父親影響而改變生命的人，他們要我說說關於父親的事。我說了一分鐘後，我年幼的兒子李歐跑到台上，伸出雙臂，用他那還可憐兮兮的聲音[6]說：「爸爸抱抱，爸爸抱抱！」那一刻，我是一個因父親而與有榮焉的兒子，同時也是一個需要安撫兒子的驕傲父親……突然間，大潛能的概念以全新的方式開始變得有意義了。

我原以為我已經為李歐設想好他能夠擁有的一切。我希望他快樂；我希望他聰明，而且不只是聰明，我希望他讀的第一本書是《戰爭與和平》，要讀俄文原著，而且還得要帶著英國腔大聲唸出來（這樣他聽起來會更聰明）。我希望他光芒四射，亮眼到人們得戴起太陽眼鏡。

但當我在為父親慶賀，把兒子抱在懷裡的同時，這才意識到，原來我對李歐的期望其實太低了。

現在我明白，我期許李歐能像我父親一樣。我不僅想讓他快樂，還希望他能讓周遭的人更快樂。我不只希望他有無窮的創意，也希望他能讓周遭的人更有創意。我不只希望他成功，還想讓他使周遭的人更成功。我不只希望他成為一道亮光，我還希望他能讓周遭的人也變得更加閃耀。

這項研究的核心，是我相信「沒有他人的生活是毫無意義的」。想想看，真正領導力的關鍵，在於激發別人也成為領導者。要擁有良好的親子關係和穩固的人際關係，關鍵在於幫助所愛的人展現出他們最好的一面。真正幸福快樂的關鍵，是在幫助別人變得更快樂的過程中感到喜悅。而實現你最高潛力的關鍵，就從幫助別人實現他們的潛能開始。我期許李歐能做到這點；我也希望你能做到。

本書探索最新的科學研究，告訴你如何藉由幫助別人提升潛能、幸福和滿足，進而提升自身的潛力，最終創造一個更美好、更快樂、更繁榮的世界。

在這個黑暗複雜的時代，我們不應獨自閃爍，而該共同創造更光明的未來。

---

6 譯注：作者有玩笑之意，意指幼童慣有令人憐愛的聲音是人類演化的產物。

第二部

激發大潛能的五大法則

第三章

讓身邊圍繞正能量．．與正面積極的人相處

二〇一四年二月，我太太蜜雪兒已經懷孕八個月，她說我旅行太頻繁了，「建議」我在李歐出生前別再接更多工作。然後她補充了一句：「當然啦，除非是歐普拉打電話來。」

三天後，歐普拉的團隊真的打電話給我。一個月後，我就坐在歐普拉位於加州蒙特西托住家的後院，心情極度緊張。

我受邀為她的節目《超靈性星期天》進行一小時的訪談；老實說，這是最棒的節目之一——一小時的深入訪談，受訪者包括布芮尼．布朗和羅勃．貝爾等傑出的思想家。

當我到達時，攝影組正在歐普拉住家紅杉林間的一條步道最末端架起設備。（沒

錯，她有一片紅杉林。這沒什麼稀奇的……才怪！）攝影機會捕捉來賓（今天是我）與歐普拉初見面的美好自然瞬間。但我的時刻既不美好又不自然。我一見到她，整個腦袋一片空白。接下來發生的事情，我寧願忘記。

歐普拉以她如吟唱般的獨特聲音，對我打招呼道：「尚恩，尚恩，尚恩！」我這才意識到，我不知道該如何回應。是說「歐普拉，歐普拉，歐普拉」嗎？所以我很聰明地選擇——保持沉默。她舉起雙手，我直覺地握住她的手，結果發現我根本不知道我們是該擊掌、擁抱還是要跳舞。很不幸地，接下來是這三者的可怕組合。我們抬起手臂，緊握雙手，然後尷尬地慢慢旋轉，當我驚慌的眼神跟她困惑的目光相遇時，工作人員好心地關掉了攝影機。

歐普拉的天賦之一，是她能讓人感到自在，願意在交談中向她透露一切。而我，即使是在搞砸了初見面的氣氛後也不例外。這也是接下來事情會如此進展的原因。

在我們錄完一小時的節目後，工作人員開始拆下布景，我對她表達我當時的感受。我對歐普拉說，我覺得很可惜。我很喜歡我們的對談，但我真正想談論的是我的憂鬱症經驗。大家很容易說，「他當然會很快樂。他研究快樂學，太太也是快樂學的研究員。

他妹妹是獨角獸。」同樣地，大家也很容易會想，「歐普拉當然很快樂。你看看她擁有的機遇、資源、財富和朋友。如果你是歐普拉，你肯定很容易就覺得快樂啊。」

然而，接下來發生的事讓我非常驚訝。歐普拉轉過身來對我說：「尚恩，我在事業巔峰期罹患了兩年的憂鬱症，當時我的收入超多，但《寵兒》（*Beloved*）[7]的票房沒達到我的預期時，我整個人崩潰了。」我跟她說：「我在哈佛教學生如何避免憂鬱時，自己也經歷了兩年的憂鬱症。」她隨即示意工作人員重新打開攝影機，後來我們又談了一小時，討論人們在追求潛力的過程中失去快樂時該怎麼辦。

借助他人之力，實現超級彈跳

我告訴你這個故事，是因為我在對抗憂鬱症時所學到的經驗，正是大潛能的第一個核心策略。

當我在哈佛時，我以為自己當時做的所有事情都是對的。我成功從韋科市的一所公立高中畢業，被錄取進入一所常春藤大學，獲得全額的軍事獎學金，並以優異的成績畢業。我太擅長完成這些個人成功指標，以至於從未停下來意識到自己其實很孤單。我以為我可以獨力完成一切，起初也覺得自己應該凡事都事必躬親。直到後來，我才發現這樣的想法不僅是我憂鬱的根源，也為我未來的成功設立了無形的上限。

當我將心態從「我能獨力完成一切」轉變為「我需要別人的幫助」時，我的轉捩點出現了。憂鬱症教會我，為了實現我的大潛能，我需要有更堅強的人際外援。為了交朋友，我必須先成為別人的朋友。於是我打電話給我關心的人，儘管我自己仍處於痛苦中，但我還是盡力傾聽他們的問題。

同時，我也必須坦承我所面臨的挑戰。一直以來，我試著展現一種成功和完美的形象，我太害怕坦承自己也需要幫助。然而我很快明白，真正的關係是一條雙向道，「單向的友情」會削弱人際系統的韌性。所以我撤下一切都很完美的偽裝，向我最親近的十二位親友敞開心扉。我告訴他們我正經歷憂鬱症，我需要他們。

這樣做之後，產生了不可思議的效果。他們不僅立刻到我身旁，而且也向我傾吐他們在生活中一直在對抗且隱而未宣的一些問題，像是孤獨或成癮。之前在我追求完美之

7 譯注：改編自托妮・莫里森（Toni Morrison）的同名小說，歐普拉擔任製片人。

際時，他們從未對我說過這些祕密。這讓我開始對他們有更深入的認識。結果，我在那時擁有二十四年來人生中最棒的社交支持系統。我的憂鬱症痊癒了，從那之後，我比以往享受到更多的意義和成功，而這些是沒有這個支援系統時我永遠無法實現的。

儘管我們偶爾都需要獨處的時刻來反思和充電，但與世隔絕絕非是治療人生苦痛的良方。身為人類，我們生來就是群居的動物，而不是孤狼；打從人類祖先還是狩獵採集者的時代，我們就迫切需要他人以求得生存。事實上，所有主要的宗教傳統，如伊斯蘭教、基督教和猶太教，開宗明義皆表示：「人注定不該孤獨一人」。[8]在全世界最糟的地方——監獄，最嚴厲的懲罰就是將人單獨隔離。

然而諷刺的是，正當科技和網際網路讓我們比在人類史上任何時期都能更緊密連結的時候（社群網絡讓我們能跟地球另一端素未謀面的陌生人即刻且無縫接軌地聯繫或交談）我們卻比以往更渴求真正的連結。與此同時，我們才剛開始明白周遭的人際網絡對我們的表現、快樂和成功有何影響。

如果你曾在彈跳床上跳過，可能體驗過所謂的「超級彈跳」（或「雙人彈跳」）。當你獨自在彈跳床上跳時，你只能跳到一定的高度；但你若能與另一個人一起跳（而且你們也配合得很好），他額外的重量會增大潛能，你們兩人都能因此跳得更高。**大潛能就是那種只有在他人陪伴時才可能實現的超級彈跳。**

你的潛能高度取決於你周遭的人。因此，為你的潛能創造「超級彈跳」的關鍵，在於讓你身邊圍繞著能提振你，而不是拉垮你的人。周遭環繞著其他優秀的人，可以提供提升自己到新高度所需的能量。

自從那次歐普拉的採訪之後，我有機會跟幾位好萊塢的名人、知名運動員及高層主管合作；儘管他們擁有名聲、成功和財富，但他們也飽受孤獨和空虛之苦。我現在得出以下的結論：想成為最閃亮的孤星要付出三個隱藏的代價，那就是孤獨、喪失意義、最終過勞。正如周圍沒有星系的星球會崩解一樣，想獨力成為超級巨星的個人很快就會光芒盡失。

---

8 作者注：我驚訝的是，這句話如此重要，卻被放在《聖經》第一書的第二章。這一章特別的是，提到亞當在他生命中需要另一個人，但並未明指性別上的需要。實際上，《聖經》其他書章以及猶太教、基督教和伊斯蘭教的傳統全都指向這一點，那就是我們都需要社群同伴，而其教義的核心都是要愛人。

培養明星團隊，而不要塑造超級巨星

我知道你想成為超級巨星。如果你有小孩，你也會希望他們成為超級巨星。我見過無數家長把孩子送去唸昂貴的私立學校，希望那裡的競爭氣氛能把他們培養成任何學校都無法拒絕的超級學霸。然而這些高度競爭的環境是基於一個錯誤的觀念：「要成為贏家，必須要有輸家。」但事實並非如此，而且這完全忽視了大潛能的意義。正如知名籃球教練約翰・伍登（John Wooden）曾寫道：「明星成功的關鍵在於團隊的合作。」

所以，讓我們來好好聊聊「贏」這件事。

季諾・奧里耶馬（Geno Auriemma）是康乃狄克大學女子籃球隊的首席教練，他是籃球界、乃至整個體育界最成功的一位教練。截至我撰寫這本書時，季諾的球隊已經連續兩年沒輸過任何比賽，而且在過去五年裡有四次贏得全國冠軍。他是怎麼做到的？

他培養了一種球隊文化：評價球員的標準是看他們對球隊的貢獻，而非個人的成就。那些因為幫助整個球隊表現更好而成為明星球員的人會被安排上場，而那些試圖透過搶隊友鋒頭而成為「超級巨星」的球員則會坐冷板凳。就如季諾所言：「我寧可輸球，也不要看著球員們像某些人那樣打球……他們總是想著自己。我、我、我、我。我沒有得分，我為什麼要高興？我上場才沒幾分鐘，我為什麼該高興？……所以當我看球賽影片時，我會注意板凳區的情況。如果有人在那裡打瞌睡、毫不在乎，或有人不專注觀看球賽，他們就永遠不能上場打球。永遠不行。」

無論季諾在任何一家公司的任何一個團隊，他都會繼續獲勝，因為**他的勝利哲學是要建立一個明星團隊，而不是嬌寵一個超級巨星。**

同樣地，備受尊崇的阿拉巴馬大學常勝足球隊首席教練尼克・薩班（Nick Saban）也不認同最有價值球員獎（MVP）的傳統，他認為只表彰球員的個人成就有違他的贏球目標；對他而言，成功是團隊的勝利，而不是某個明星球員的統計數據。

季諾和尼克不像許多教練、主管或教育工作者那樣，他們知道那種心裡只有「我、我、我」的態度，對球隊及個別球員都是有害的。

比如，在籃球比賽中，你會認為投籃的命中率最能預測球賽的結果，對吧？但事實上，楊百翰大學的一項大型研究發現，助攻與失誤的比率更能預測比賽的勝負。因為大量的失誤，意味球員會希望能有得分的機會而獨占控球權；然而大量的助攻則表示球員不是只想著自己進球，而是爭取團隊的勝利。

在商業競爭中也是如此，那些只關心個人成功的人走不了多遠。想想那個踩著合夥人、占員工便宜，又誤導投資人的野心企業家，最終只會把公司搞垮。或是想想那個十四歲就賺進人生第一個百萬的童星，在十六歲時卻進了戒毒中心，事業顛峰期早已成過眼雲煙。我們常過分專注於展現個人優勢，而低估周圍的人擁有更大的力量。

哈佛大學的研究人員曾調查一千零五十二位表現十分出色的投資分析師，並檢視當這些分析師被調到新團隊，或是因高薪而跳槽到新公司後的表現。如果成功只關乎個人的毅力、苦幹、才智等，那麼這些明星分析師在新環境中的表現也應該同樣亮眼，並且持續保持成功。但事實卻非如此。其中有百分之四十六的人在新環境中就「陣亡」了，他們無法複製過去的成功。研究人員還發現，五年後這些分析師依然無法達到他們過去的水準。顯然，一旦離開讓他們閃耀的那片星群後，他們就不再是超級巨星了。

即使你聚集了一群明星，也不一定能組成一支冠軍隊伍。最好的例子，是馬克・德・朗德（Mark de Rond）曾發表在《富比士雜誌》上的文章，他提到皇家馬德里足球隊曾花費四億歐元打造了最不可思議的巨星陣容，包括羅納度、貝克漢、席丹等。然而，從二〇〇四到二〇〇六年，這個足球史上昂貴的團隊卻踢出最糟糕的成績。幾乎是在同一時間，在二〇〇〇年到二〇〇六年，奧克蘭運動家棒球隊在美國職棒大聯盟的選秀中，花費的錢是最少的，他們可能沒有最多的明星球員，但擁有最好的明星體系。

找到能讓你發光的人

加州大學聖塔芭芭拉分校的經濟學教授彼德・庫恩（Peter Khun）指出，有計畫地獎勵個人成就的公司（或學校）實際上只會降低他們的成功率。他及其研究團隊發現，基於個人表現的薪資計畫會創造出一種「同事間互相捅刀和資訊壟斷的文化」。男性更可能為了實現目標而單打獨鬥，因為他們自認比同儕更為優秀。

當庫恩和法國國家科學研究中心的經濟學教授瑪麗・克萊兒・維樂瓦爾（Marie Clair Villeval）合作進行研究時，他們發現如果提高百分之十的薪資，讓員工加入團隊而非單獨工作，會有更多男性選擇加入團隊，這些男性員工也會願意分享資訊，並花時間培訓同事，這有助於提高團隊的成功率。因此，我們需要放棄獎勵個人工作表現的做法，改為激勵他人變得更好。

正如高盛公司前首席學習長史蒂夫・柯爾所寫：「領導人希望獲得A（團隊合作），但卻獎勵B（個人成就）。他們必須反過來學習，如何發現並獎勵同時能做到這兩者的人。」

追求團體的勝利不僅有助於我們在短期內表現更好，也能使我們長期保持韌性。當彼此連結越緊密，單一的挫敗或負面事件就越會有他人幫我們作為緩衝。同樣地，有越多人能在我們的人際生態系統裡一起分擔壓力和挑戰，每個人的負擔就會越輕。

超級明星球員偶爾會在終場前最後兩分鐘將全隊贏球的重擔扛在肩上，但他們之所以有能力這樣做，是他們在整場球賽中與隊友一起分攤了能量消耗。不論是在工作、生活、運動或任何事情，勝利之道就是建立在成員能彼此協助、互相扶持，使彼此更進步的系統上。

我這十年來的研究結論很明確。你的確能夠成為超級巨星，但你無法獨力完成此事。你需要一個星系：一個由積極、可靠的影響者所組成的星群，這些人能互相支持，彼此強化，互相提升。

我們身邊的人非常重要。雖然我們無法選擇家人，也無法選擇所有的同事，但我們可以有技巧地選擇與那些會提升我們的人為伍。在本章中，你將學會如何有意識地建立你的關係網，讓你可以發出最閃耀的光芒。要達成這個目標只需要三個關鍵步驟：

策略一：善用正面同儕壓力。

策略二：透過多元化達到平衡。

策略三：建立互惠關係。

比爾・布萊森（**Bill Bryson**）在他精彩的《萬物簡史》（*The Short History of Nearly Everything*）一書中開玩笑說，你之所以能讀到他的書，是因為你的祖先都成功地繁衍了後代。雖然技術上來說的確如此，但我認為其中還有個推論：你能讀到這本書，是因為有人幫助你學會了閱讀。

此外，你之所以讀這本書，是因為有人激勵你繼續學習。因為有人讓你認識到成功意味著什麼，而你想要效仿。因為有人告訴你可以發揮自己最大的潛能，並幫助你獲得實現這個目標所需的工具。

在如今這樣關係超級密切的世界裡，我們比以往都更需要這樣的人。這也是為什麼創造星系的第一步是尋找積極的人，他們能激勵我們，並教我們如何變得更好。

策略一：善用正面同儕壓力

我們現在知道，個人特質會受周遭人影響，這在工作場所中尤其明顯。隨著工作的性質越來越需要合作，有許多公司將封閉式的辦公室轉為開放式的工作空間，從電話聯絡轉為視訊會議，從寄電子郵件改成即時通訊軟體。

此外，在這個全年無休，每天無時無刻都能連上社群媒體的時代，這些內容幾乎每秒都會更新，我們會受到他人能量的影響（不論正面或負面）也前所未有的高。我們吸收得越多，它對我們的動機、參與度、表現，還有大潛能的影響就越大。

我們過於擔心負面的同儕壓力，無論是充滿悲觀情緒的有毒同事、會對我們的孩子造成負面影響的同學，或是迫使我們參加負擔不起的昂貴假期的富朋友……等，以至於我們經常忘了正面同儕的力量。

正如親近負面、不積極的人會耗損我們的能量和潛力，跟正面、積極進取和有創意的人來往，能使我們的正能量、參與度、動機和創造力倍增。在我與企業的合作過程中，我得出了下面能凸顯這項策略的公式：

大潛能＝個人特質×（正面影響－負面影響）

這並不是要透過結交成功人士來獲得成功，也不是要你只跟快樂又幸福的人做朋友。這些不是我所謂的「正面」。我的意思是，要讓你身邊有具備積極特質的人，這些人可以使你的潛能來個「超級彈跳」，你同樣也可以讓他們的潛能大躍進。

比如，我請德州農工大學的神經科學家布蘭特・菲爾（Brent Furl）加入我的團隊，不只是因為他是個傑出的研究員，我們還可以一起打網球，討論關於靈性的問題。身邊有個每天會靜坐兩小時、又是運動健將的人，會讓我更想進行靜坐和運動。這就是我們透過研究才剛開始了解的「正面同儕壓力」。

又比如，賓州大學的研究人員經由「層級指導」計畫，展示了同儕的影響如何能對我們發揮正面作用。在此計畫中，大學生傳授高中生電腦技能，然後高中生再教導國中生。在研究人員評估該計畫成果時，他們發現光是觀察那些很「酷」的大學生如何將教材融會貫通，就會讓高中生渴望能像他們一樣；而高中生表現的熱情，也會激勵國中生更加努力學習。簡言之，同樣的社會壓力，可能導致青少年開車更莽撞、翹課或從事危險行為，也可以透過正面同儕壓力讓青少年渴望學習。

在工作場合，正面同儕壓力有利於公司的盈餘，因此有些公司正在改變或縮減曾經非常流行的遠距工作政策。我猜本書有不少讀者是遠距工作者，我也一樣。我每年在世界各地進行一百場的演講，並去客戶那裡做研究，所以我沒有辦公室，除非你把我的機位算在內。但有鑑於我們對大潛能的最新理解，我正在努力結束遠距工作，有許多大公司，如IBM、雅虎、安泰保險金融集團和美國銀行也是如此。

以IBM為例，他們從二〇一七年起就不再允許員工遠距工作。我覺得很有趣的是，這家公司不僅引領遠端辦公的潮流，還提供許多與此趨勢相關的技術，如今他們竟完全改變立場。IBM曾大力宣導遠距工作的理念，因為他們發現這樣做能讓公司減少七千八百萬平方英尺的辦公空間，並因出售這些空間而獲利十九億美元。有段時間，IBM百分之四十的員工都能居家上班，或是遠距工作，甚至聲稱在家工作是很棒的想法。但如今他們得出的結論是，與他人一起工作的效率會更高、更有創意，也更能彼此合作。

這不是個無關緊要的決定。首先，辦公空間的費用的確很貴。其次，人們比較喜歡在家工作；也就是說，這樣的決定有可能會導致人才流失，而人才的替代成本很高。

雖然傳統觀念認為在家工作會延長工作時數（因為沒有明確的上下班時間），但新的研究發現，即使生產力會有些微提升，也無法跟我們從同事身上學到的創新、創造力、社交關係、參與度，以及對公司的忠誠度相比。當被問到谷歌有多少人遠端辦公時，他們財務長的回答是：「越少越好。」在現在的世界，會讓我們受限的因素不是我們完成的工作量，而是能否和他人建立有意義的連結。

此外，跟一群正面的人一起工作，也會讓你更積極。蓋洛普調查發現，積極敬業的員工犯錯率會減少百分之六十，意外發生率降低四十九％，還有缺席率也大幅減少六十七％。與他們相處當然也很愉快，這意味著每個人都想與他們共事或做生意。

如果正面和樂觀會「傳染」的話，那麼讓自己置身於正面的影響者中，顯然也會有許多好處。有一份關於樂觀男性的研究發現，這些男性不僅更能享受個人的社交生活，他們的配偶在人際關係上也更快樂。樂觀的父母往往會教養出樂觀的子女，而這些孩子對他們的同儕也具有很棒的正面影響力（社交感染力的作用在三歲就開始了）。

樂觀的人更善於處理人際關係的危機，他們是更有參與感、更會照顧子女的父母，而且韌性也更強。一項針對墨西哥移民母親的研究發現，樂觀的態度是預測她們到達美國後處理經濟壓力能力的指標。當壞事發生時，比如長期失業，有正面影響力的人能保持更高的生活滿意度。

有鑑於負面情緒的感染力，與樂觀者相處就好比給自己打一劑對抗壓力和冷漠的疫苗。因此，我們的首要任務，就是在工作和生活中尋找積極的人，幫助我們建立優勢。已故的成功勵志作家吉米・隆恩（Jim Rohn），將他的事業建立在如下的理念上：「**你是你花最多時間相處的五個人的平均值**。」那麼，你花最多時間相處的是哪五個人？現在快速做一個包含三個圓圈的文式圖[9]：誰讓我感覺良好？誰能給我力量？誰讓我充滿希望？你的那五個人中誰同時符合這三個類別？這些人就是你的正面影響者。

有一句著名的諺語：「有快樂的老婆，就有快樂的生活。」（A happy wife is a happy life.）這個道理同樣也適用於快樂的孩子、快樂的摯友、快樂的同事，以及快樂的老闆——雖然這幾個字沒有押韻[10]。**關鍵是要找到能激發你最好的一面，而不是讓你感到壓力的人。**

即使你不認識那些積極的人，跟他們在一起也是有益的。我人生中的某個階段是很內向的，所以當我搬到一個我還未交到新朋友的新城市時，我會帶著我的「正面影響者」一起前往：像是C・S・路易斯、赫曼・赫塞、山德森（Brandon Sanderson）和羅斯弗斯（Patrick Rothfuss）等作家。科學證明，**你讀的書，會決定你成為什麼樣的人。**達特茅斯學院和俄亥俄州立大學的研究人員發現，當你為一本書感到著迷時，你不僅可能認同主角，甚至還會開始內化他的性格與特點。比如你讀了一本主角具強烈社會良知的書，那麼你做出具有社會良心行為的事情的可能性就會提高。

當然，這樣的現象也有缺點。我曾經很愛看《絕命毒師》（*Breaking Bad*）這類的影集，但老實說，看完之後我覺得自己並不是個很好的人。我現在發現自己不想進入美化

---

9 譯注：Venn diagram，用來表示集合間交集的所有可能，常見的形式為兩個或三個互相重疊的圓。

10 譯注：Wife跟life押同韻，但是child（孩子）、friend（朋友）、mate（同事）跟boss（老闆）不與life押同韻。

負面特質的虛構世界，因為它們會影響我的情緒和自我形象。相反地，我傾向接觸那些會讓我感覺自己更強大、更聰明、更正面的事物，而不是會讓人憤怒、幻滅或反應過度的東西。

因此，只要有可能，你應該盡量閱讀能提升跟激勵自己的文字。同樣的情況也適用於你放在手機裡的音樂和播客：那些透過耳機和喇叭不斷對你說話的人是否正面、樂觀、善良？當你身邊圍繞著更多積極的聲音，正向的改變就更容易持續甚至放大。

策略二：透過多元化達到平衡

我跟蜜雪兒結婚時，我在亞馬遜官網上花了十五美元買了一枚婚戒；之後我又在亞馬遜花十五美元買了一枚替代的婚戒。我提到這點，是要讓你在心裡有個底，好用來對比我戴在另一隻手上的戒指：這枚戒指是我用在夢幻橄欖球聯賽贏得的獎金買的，花了一百五十美元，由我自己設計。上頭鑲著「看起來肯定是真品」的鑽石，一側刻著「尚恩」（Shawn），另一邊刻著「天才」（Genius），戒指內側還刻著花體字——這是個華麗的自誇紀念碑，因為它的價格真的是我婚戒的十倍。

對於那些從未玩過夢幻橄欖球的人，讓我簡單跟你們介紹一下基本規則。在選秀期間，你的目標是要組成一支包含各類球員和位置的球隊，包括一個四分衛、幾個跑衛和外接員、一個近端鋒、一個開球員和幾個防守球員。這個組合反映了體育比賽的現實狀況；一支都由超級巨星四分衛組成的球隊連一個球賽都踢不了，更別說贏球了。這讓我們得出一個簡單但經常被忽視的原則：無論在體育運動或生活中，你都無法獨自成為超級巨星。這個原則同樣也適用於你的正面影響者網絡：你的團隊越多元、越多樣化，效果就越好。

我們從進化論得知，生存的關鍵在於物種的多樣性。一個物種的遺傳基因越多樣化，在面對疾病和其他自然界的災害時就越有韌性。同理可證，你的社交支持網絡越多元，當你遇到人生難題時，你也越能適應。所以，我們必須花點時間來審視我們人際關係的「基因組成」。你身邊的人都跟你很類似嗎？例如他們跟你都是同樣的種族、性別、政治理念、興趣和志向嗎？如果是這樣，你就限制了自身的潛力和成長。

但多樣性不僅與年齡、性別或職業有關。在《哈佛商業評論》一篇引人入勝的研究中，艾莉森・雷諾茲（Alison Reynold）和大衛・路易斯（David Lewis）使用數學模型測試六個團隊的「認知多樣性」，以得知團隊成員思考方式的異同。比如有兩個人，他們可能來自完全不同的文化或在兩個完全不同的工作領域，但卻想法一致；或他們在同一個城鎮長大、在同樣的工作領域，想法卻天差地別。研究結果顯示，團隊中成員的認知多樣性越高，表現會越好。不僅認知多樣性最高的團隊績效最佳，認知多樣化墊底的兩組團隊也確實在績效上未能達標。

許多團隊和公司因為害怕引發人際關係的衝突和摩擦而不願追求多樣化，他們假設彼此差異太大的人會難以合作。然而，《哈佛商業評論》中總結的另一項研究發現，這些擔憂言過其實，將「外來者」帶進同質性很高的團隊中，反而會使該團隊解決棘手問題的成功機會加倍，而腦力激盪正是因為這樣的關係而產生的。多樣化的團隊會迫使人們跨出舒適圈，考慮他們從未想過、或甚至不同意的觀點和想法。

認知多樣化的研究總是讓我好奇：如果我們是以團隊，而不是單獨參加大學入學的學術能力測驗（SAT）、法學院入學考試（LAST）、美國研究生入學資格考試（GRE），或研究所管理類入學測驗（GMAT）等這類的標準化測驗時，結果會如何？當我跟別人提出這個建議時，大家馬上擔心智商較差的人會拉低他們的分數（這個想法很有意思，因為從統計上來看，至少對於百分之五十的考生來說，另外百分之五十的人是會提高他們的分數的）。但是因為大家擁有不同的認知優勢，那麼如果你跟能平衡你技能的人一起參加考試，你的表現會更好嗎？有人會辯稱，標準化測驗的意義就在於測量個人能力，但因為我們現在知道個人的考試成績，完全無法預測未來在大學或研究所能否成功，那何必還要進行單獨測試呢？跟一群人一起解決問題，不是更能反映你在獲得高學歷後所從事大多數工作的實際狀況嗎？

你的人際生態系統越多元，它就越強大且強韌。透過讓先前欠缺的影響力進入，就好比把狼群引進黃石公園一樣，讓我們可以更好地保護自己免受威脅。此外，你的人際網絡越多樣化，就越有可能碰到機緣湊巧。

在《幸運的配方》（*The Luck Factor*）一書中，理查・韋斯曼博士（Dr. Richard Wiseman）認為「幸運」的關鍵，就是要為你的人際關係和日常活動創造多樣性，這樣你才能獲取新的想法和可能性。如果你的人際網絡裡有太多相似的人，你就會錯過各種開啟新機會的大門。比方說，如果你在工作上有十二個好朋友，而他們全是會計人員，那麼你就永遠不會聽到行銷部門的職缺，或無法受邀參與開發團隊的大專案。

但是僅建立一個由不同人組成的星系是不夠的；你還得選擇在生活中具有不同作用的人。要達到這個目標，我建議你尋找三種正面影響者的組合，那就是：**支柱、橋樑和擴展者**。

一、支柱：你身處困境時的堅定靠山

這些人無論如何都會支持你：在半夜會不顧一切帶著冰淇淋來陪伴你的忠誠死黨，在工作中會為你爭取升遷或大訂單的職場導師，或是在你疲憊不堪時願意為你分擔工作的好同事。

在人生中你應該要有很多會督促你、並要你正視問題的人。但除了這些會鼓勵你、給你建議的朋友之外，你還需要一些能夠無條件支持和接受你的人。

二、橋樑：使你能連接到現有生態系統之外的新朋友或資源

這樣的橋樑人物可能是邀請你進入某個俱樂部、委員會或籃球聯盟的人，或是將你介紹給對你計畫感興趣的投資者。如果某人的人脈和資源跟你的並不完全重疊時，那對

方就會是你的橋樑。而且，一個人不一定要具有比你更高的地位，才能成為你通往高潛能人脈或機會的橋樑。

人們會犯的一個嚴重錯誤，就是在找尋新人脈和新觀點時，太過重視傳統的階級制度。我在跟一家大型經銷商合作時就曾親眼見到這種做法的壞處。當時，他們的高層主管正在為如何努力提升倉庫出貨的效率而傷透腦筋，但我驚訝地發現，有些策略和消費者事務單位的主管竟從未去過倉庫，所以我建議他們去倉庫看看。結果，倉庫經理提供了許多饒富創意的點子，供這些主管帶回總公司仔細思考。一旦主管們突破傳統的層級結構，開始將倉庫經理視為對日常營運具有獨到見解的專家，他們就更有能力解決公司面臨的複雜物流問題。

正如好點子隨處可得，機會也不只是跟位居高位的人做朋友才能獲得。在一九六〇年代，社會學家馬克・格蘭諾維特（Mark Granovetter）基於他的研究撰寫了一篇論文，探討人們如何找到工作。他發現能幫人們找到工作的往往不是好朋友，而是點頭之交。在你的社交網絡中增加幾個弱連結，不論這些人的地位如何，都可以提高你將機會變成現實的可能性。

三、**擴展者：能讓你離開舒適圈的正面影響者。**

這種人可能是導師或朋友，他們有著跟你迥異的技能或性格。比如我比較害羞又內向，所以需要外向的朋友來幫我安排社交活動，讓我嘗試新的經驗。又如我是個傾向多工處理，同時進行多項計畫的人，就需要更細心且會注意到細節的朋友，在我為達目標而全力向前衝時讓我放慢腳步。

我們經常發現自己容易受到同類人的吸引，然而這樣會形成一言堂，不但限制我們接觸新點子和觀念，也妨礙我們獲得全新且不同於以往的經驗。比如，只跟醫界人士來往的醫生，可能永遠不會踏出自己的舒適圈去上藝術或烹飪課；只跟喜歡運動的人泡在一起的運動迷，可能永遠不會去欣賞交響樂。研究顯示，在利用多樣性時，我們必須學會接受和尊重人們之間的差異，儘管這樣做時會感到不適或覺得受威脅。

領導力的關鍵不是規劃和定位，而在於「人」。當吉米・柯林斯（Jim Collins）和他的研究團隊研究傑出企業領袖時，他們原本以為這些「從優秀到卓越」[11]的領導人，其能力來自於願景和策略。結果發現，這些領導人反而是「先關注人，其次才關注策略。」作為領導者，你的表現和團隊成員的表現息息相關；你的團隊越多樣化，效果會越好。

所以就從今天起，在接下來的一個星期裡，盡量跟以往在你圈子裡不會閒聊的人說說話，無論是簡單地打個招呼說「你好嗎？」或是一起吃午餐、喝咖啡都好。努力接觸那些你通常會藉由打電話而避免面對面溝通的人，也試著花時間認識能讓你離開舒適圈的人。這個跟你不同的人，不僅在種族或性別與你有異，而且想法也是如此。他可能是你工作團隊裡總是提出「瘋狂卻能奏效」想法的女同事，或是與你政治理念大相逕庭的親戚，也可能是有獨特背景和人生經驗的年長鄰居。每個人都有值得我們學習之處，只要我們能學會認真傾聽並與他們建立連結。

最後，試著幫助在你人際生態系統裡的人也跟他人產生連結。隨機網絡理論證實，「當我們網絡中每個節點的平均連結數超過臨界值時，那些被排除在巨型群體之外的節點就會大幅減少。」也就是說，**當我們在人際網絡中增加越多連結，就越難找到仍被忽視或落單的節點**。每當我們幫助身邊的人增加他們人際關係的廣度和多樣性，即使只是

---

11 意指吉米・柯林斯著作《從A到A^+》《*Good to Great*》的中心思想。

多認識一個人，都會明顯強化整個系統的韌性。

生物多樣性是人際關係的命脈，你的人際網絡越強大、越多樣化，你在實現大潛能時就會有越多支持的力量。

策略三：建立互惠關係

先前我提到在我罹患憂鬱症時，我卸下了防備，真心接納別人。單向的人際關係無法長期提供你足夠的能量來建立或維持潛力。我所說的「單向朋友」，指的就是只想告訴你他們在感情或工作上的煩惱，但當你需要他們時，他們卻無動於衷或避之唯恐不及。同樣地，你也需要避免成為這樣的人。你要在展現真實自我和傾聽他人之間找到平衡。

最好的人際關係是建立在互惠的基礎上，這是建立良好星系的最終關鍵。我們只有在需要幫助時才會向我們人際網絡中的人伸手求援，但若要從人際關係中充分受益，我們應該養成主動幫助他人的習慣。正如維吉尼亞大學教授羅伯特・克羅斯（Robert Cross）發現的：「互惠的關係往往更有成果；最成功的領導者總是設法提供他人更多幫助。」亞當・格蘭特的著作《給予》是我們學習如何藉由助人而自助的最佳途徑。書中寫道：「研究顯示，人們往往會嫉妒成功的索取者，並尋找打壓他們的方式。相反地，當給予者獲勝時，人們會為他們加油並提供支持，而不是對他們心生敵意。給予者以一種創造連鎖反應的方式獲得成功，同時也提升周圍人的成功機會。」

關係越互惠，對我們的快樂程度、積極性和創造力的影響越大。在一項研究中，研究人員評量了真朋友或假朋友對於我們快樂的影響力。當兩人互稱朋友時，這樣的關係即被認為是「互惠友誼」；但若只有一方是這樣認為，這種關係就被委婉地稱為「感知友誼」。研究人員發現，如果附近有位真朋友感到快樂時，那麼這個人也覺得快樂的可能性會提高六十三％。然而當附近一位假朋友快樂時，那個人開心的可能性只有十二％。在我看來，「感知友誼」其實是件讓人挺感傷的事。

互惠關係同時也能促進心理安全，這項特點在亞里士多德計畫中被認為是團隊成功的關鍵因素，且比創造力、毅力和智力等個人特質更重要。哈佛商學院教授艾米・艾德蒙森（Amy Edmonson）將心理安全定義為「團隊成員都認為在進行互動時，可以自由且安心地表達意見。」當團隊的關係是雙向時，這樣的團隊就會產生艾德蒙森所說的

「一種信任感，相信團隊不會因為任何人提出批評或建議就羞辱、排擠或處罰他（她）。」這種信任與互相尊重的氣氛，讓每個成員都能自在做自己，這也是任何團隊實現大潛能的關鍵要素。

但這個策略也有一個需要注意的陷阱，那就是：合作超載。在追求大潛能時，我們很容易陷入努力擴張關係的誘惑中。如果那些關係是雙向的，也就是說，我們投入多少就會獲得多少回報，就可能面臨過度擴張的風險。

儘管心理自助書籍都強調人脈的重要性，但研究顯示，交遊廣闊的人不太可能有傑出的表現，因為他們讓自己的精力被過度分散。這一點對高成就人士來說更是如此，因為你越成功，就有更多人會想占用你的時間。

亞當・格蘭特最近跟羅伯特・克羅斯和瑞伯・瑞伯爾（Reb Rebele）共同為《哈佛商業評論》撰寫了一篇發人深省的文章，他們發現在一項對三百多個機構的研究中，有高達三分之一高效能的合作是來自於團隊中百分之三到五的個人。這是有道理的：一旦某人因為擅長與人合作而出名時，大家都會想跟他們合作。這麼搶手看似好事一樁，但研究人員發現，當要求與這些出色合作者共事的人數超過二十五人甚至更多時，這些人的工作滿意度和快樂程度就會急劇下降。他們寫道：「我們發現，當尋求（與優秀合作者）共事的人數超出二十五人時，會妨礙個人和團體的表現，並成為員工主動離職的重要預測指標。」

我自己就有過這種經驗。我過去會接受每一場演講的邀約，接聽每一通有「潛在合作機會」的電話，並親自簽署每一項研究提案，而且我熱愛這一切。然而突然間，我感覺自己好像過度承諾了，以至於每天早上就已忙到不可開交，工作做不完，讓很多人感到失望。我是討好型人格的人，所以這種情況讓我覺得很痛苦。

當我們追求大潛能時，要自我提醒不要試圖面面俱到，凡事取悅別人，並且慎選我們該和哪些人建立關係，以免陷入「合作超載」的窘境。

我曾經的一位學生兼好友競選過哈佛學生會會長。他的謙虛和幽默讓他大受歡迎，但由於他參與太多改善學校的合作案，沒有量力而為，因此成績和工作開始退步。一旦他進度落後，就把截止期限往後延，結果使他落後的幅度更大。最後讓他從泥沼中脫身的方式，也是我對抗憂鬱症所用的方法：他讓別人知道他的難處。一旦他向教授坦承，讓他們了解自己的困境，教授都表示同情和諒解，也給予他很多時間去彌補。

我們經常為了要成為超級巨星而把自己搞得精疲力竭，但強大的人際關係可以讓我們在沒有孤單、疏離和倦怠的情況下獲得同樣的成功。

別把自己活成一座孤島

我最喜歡的作家兼思想偶像是C・S・路易斯，他具有罕見的能力，不但可以跟牛津大學的教授進行複雜的神學討論，也能在他的小說中將這些神學概念讓一個六歲的孩子明白。

雖然我喜歡路易斯所有的作品，但他對我的寫作影響最大的是《夢幻巴士》。這是一本短篇小說，描寫人們死後在煉獄中的故事，或者說是他所稱的「灰暗之城」。起初，灰暗之城的人都住得很近，但隨著社區中挑戰和鬥爭的出現，人們開始搬到更遠的地方。一旦覺得新家離那些愛管閒事的鄰居、「負面」的損友，或是上週沒有回電話的人太近，他們就會再搬得更遠一點。很快地，每一次微不足道的爭執或是他們以為的冒犯，都會讓他們搬得越來越遠。因此，天堂的人將灰暗之城視為一種地獄，在那裡，人們只會經歷黑暗、孤立、懷疑和孤寂。我認為用這種描述來形容地獄是很貼切的。

我曾有個朋友，她常告訴我，她喜歡跟我聊天，因為我很正面。一開始我覺得很榮幸，後來我跟她越來越熟，我發現她經常說職場中負面、背後議論、八卦或惡毒的事，還會批評故意無視她的服務生、從不尊重她的懶惰前男友，或是嫉妒她的朋友。我們曾一起旅行，在途中她跟機上一位在降落後還不讓她離開座位的男士發生爭執；她也因為無法幫我們更改航班的旅遊社員工態度惡劣而感到不滿；她還打電話給飯店經理抱怨走廊上的女員工太吵。

單獨看這些事，她會對每件事生氣似乎很正常，可以理解。但當這些事加在一起，我們可以清楚看到她容易把負面的小事弄成大事，而忽略在關係或情況中的正面因素。結果，她跟同事、朋友、愛人和家人都變得疏遠。她不僅逐漸破壞她的人際關係，也建造了自己的私人地獄。

我用「地獄」這個詞，是因為它饒富深意。在經歷兩年的憂鬱症之後，我知道當人感到非常孤獨、與世隔絕的感覺有多痛苦。憂鬱症就是灰暗之城。諷刺的是，走出灰暗之城最好的方式正是我們經常拒絕的事物：社交關係。

我們認識的每個人都有缺點和不完美，如果你刻意尋找失望、疏離或沮喪，要發現這些感覺的理由並不難。對我來說，憂鬱症是我在身體、情感和精神上都與人脫節時所表現出的症狀。即使是成功又富有的歐普拉，也難逃憂鬱症的襲擊，短暫陷入人生毫無意義的迷失中。當這樣的情況出現時，我們都更需要身邊有人陪伴。正如海倫・舒曼（Helen Schucman）被收錄於《奇蹟課程》（*A Course in Miracles*）一書中的文字所言：「你的任務不是去尋找愛，而是去尋找並發現內心因對抗愛而築起的所有障礙。」

每個人都有需要偶爾獨處的時刻，但真正的意義、成功和快樂，不可能在與他人脫離的狀態下實現。大潛能提醒我們，只有讓身邊圍繞其他的明星，我們才能真正閃耀。

第四章

擴展你的力量：讓每個人都成為領導者

人人都能救人一命

二〇一六年十二月一個濕冷的早晨，我被帶到北加州的一片荒野。我很困惑我們為什麼要從城市開車到這麼遠的地方。隨著沿路的星巴克逐漸被牛群取代，我也越頻繁查看谷歌地圖。接下來，手機收不到訊號了。最後，車子在一座老舊的磨坊前停了下來。

過去具有不同功能的建築物和場地，現已被改造成舉辦婚禮和聚會等活動場所，這讓我很驚訝。這個變身大改造蘊藏了我此行的意義：我要了解凱撒醫療集團推出的一個新方案，該方案將接待人員和其他後勤人員，都轉變為拯救性命的醫療人員。在我們見面之前，該方案已經挽救了四百七十一條性命。

在那裡，我很榮幸能跟凱撒醫療集團的桑傑・馬爾瓦哈醫生（Dr. Sanjay Marwaha）和莫妮卡・艾茲費多（Monica Azevedo）會面，聽他們介紹這個名為「救人一命」的方案。

這項方案的方法簡單卻創新：也就是授權給醫院所有員工，包括沒有受過醫療培訓的人，都可以提供醫療服務。我知道你可能會想：「這樣做，要打醫療疏失官司的機率一定很高吧！」但請先聽我說完。

在一個只有小潛力的組織中，關於誰有能力領導改革是有明確的界限的。被層層階級所束縛的組織，會在那些有權決定、創新或行動的人，與那些必須盲從的人之間，製造出一種錯誤的二元對立。

以醫療產業為例，人們太容易將醫師和護理師視為「醫療人員」，而將行政人員和接待人員視為「後勤人員」。乍看之下，這在醫院的職務分工上是很合理的。但正如我們將看到的，這種思維方式限制了我們利用大潛能的能力。

假設你耳朵痛，你去找你的家庭（或主治）醫生。你在診療室等了半小時後，他才匆忙進入診間，隨便瞄了一下你的耳朵，然後幫你轉診給耳鼻喉科。你約了診去看耳朵，填寫一大堆跟耳朵有關的表格，醫生問你耳朵怎麼樣，然後你去櫃台付費。這一切似乎都很正常，因為你耳朵有問題。

但如果你的耳朵痛實際上是由於病毒引起，因為讓你整晚睡不著的焦慮弱化了你的免疫系統呢？畢竟你是一個全身各部位都相互連結的有機體，你大腦和體內出現的任何問題都可能是引起你耳朵痛的根源。但因為你的耳鼻喉科醫師專看耳朵，他可能不會想到要問你的情緒和睡眠狀況如何，因而無法找到你耳朵痛的根本原因。在一個醫療人員技術越來越專業化，並被越來越細分的領域裡，凱撒的團隊想知道：我們如何才能退一步，看清醫療服務的全貌呢？

他們想到的答案很簡單：他們要顛覆在大多數醫院的錯誤二元對立，授權給那些「非傳統醫療人員」的人，以解決可能在高度階級化的組織中被忽視的健康問題。凱撒的團隊知道改善健康狀況最有效、卻未被充分利用的工具是「預防醫學」，因此他們決定聘請並訓練接待人員，設法增加病人使用預防性護理的病患人數。

現在，如果你無論因為什麼原因打電話預約門診，即使是耳朵痛，客服中心人員都會先問你是否有逾期未做的預防性檢測（如：乳房攝影檢查、子宮頸癌篩檢或是大腸癌篩檢），然後問你是否要預約篩檢。這個方案最大的優點，就在於凱撒授權給所有參與監督、提供或安排護理的人員（不論他們是否有醫學學位），為集團「改善病人健康」這個核心目標盡一份心力。

這個方案的確奏效了。若是病人同意預約做檢查，並因此發現可以及時治療的癌症，這就被認為是拯救了一條生命。凱撒醫療集團的追蹤結果發現，自從這項新方案推出後，在他們醫院診斷出乳癌的一千一百七十九位女性中，有高達百分之四十的人是透過「救人一命」方案預約做了乳房攝影檢查。即使只挽救一條生命，也足以讓這個方案極具價值。

如果我問你，你認為醫院裡哪些員工是最偉大的英雄，你可能不會認為是接待人員，那是一群從未踏進手術室，不抽血、不判讀X光片，甚至不會跟病人面對面看診的人。他們通常坐在客服中心的椅子上，被辦公室的隔板包圍；也就是說，為了說服病人進行檢查，他們必須依賴情感聯繫、數據和說故事的方式，而這一切全都在電話中進行。要做到這一點，首先是他們得相信自己有能力造成影響力：能夠自豪地說「我救人一命了！」

不論你從事什麼行業或什麼類型的工作，相信自己無論在任何職位都能發揮領導力，會增加你創造變革的潛力。那些試圖單打獨鬥的超級明星，或是認為只有位居「正式」的領導地位才有權力創造改變的人，只能發揮小潛力。但當制度中的每個人，不論他們的工作職稱或職位等級為何，都能分擔創造變革的工作時，就幾乎沒有什麼是無法實現的。如果我們想要實現大潛能，就要破除標籤的限制。

太多人認為領導力是個人的事務，亦即需要獨自扛起的重擔。然而，嘗試獨自承擔所有的領導責任，是通往崩潰的最快途徑。如果你認為每位病人的病情都該由你負責，你可能會同情疲勞（compassion fatigue）。同樣地，如果你是銷售經理或財務長，認為公司該給股東多少獲利是你的責任，那你就會被巨大的壓力壓垮。若你為人父母，認為自己必須為青少年子女的未來預先做好所有規劃，那你會造成極度緊張的親子關係。

高效領導人常聽到這樣的話：「你若想把工作做好，就得事必躬親。」這種說法非但錯誤，還會讓你的能力受限。你的時間和精力有限，然而別人對它們的要求卻是無限的。你根本無法滿足這些需求，除非你把責任和領導工作分派給與公司使命有關的人。

如果你認為領導力和影響力是僅限於位高權重者的有限資源，那麼你就關閉了大腦中原本可以尋找新的可能性或領導機會。這種「認知崩潰」不僅阻礙你看見自己擁有創造變革的力量，還會大幅降低你的能量、創造力、幸福感和最終的效能。如果我們只想發揮小潛力，的確把領導權留給「領導者」即可；但如果我們想要激發大潛能，就必須激勵和啟發其他人從各自的位置上發揮領導力。當你放棄「只有特定的人才擁有領導力」的觀念時，你不僅能明顯增強自己的力量，也能擴大整個團隊的力量。

在上一章裡，你已了解如何透過與高潛能的人為伍來創造並強化你的潛能。接下來，你會學到如何擴展你對領導力和責任的定義，讓你無論身處任何位置都能發揮領導力，同時藉由賦權而擴大自身的力量和影響力。

我會透過兩個故事及我的研究，告訴你們任何人都能在生活和工作中擴展潛力的步驟。這兩個故事分別是關於位於愛荷華州的一所「輟學工廠」學校，和一家價值一百七十億美元科技公司所進行的新實驗；至於我的部分，則是在世界各地的公司和學校所進行的研究。

這一切都始於學習擴展權力的基本規則，那就是：想要賦予他人權力，這個觀念必須被認可、渴求和強化。

正向改革的力量

二〇一〇年，當喬爾・佩德森（Joel Pedersen）尋找他擔任學區督學的第一份工作時，他收到來自紅雀社區學區（Cardinal community school District）的工作邀約。該所學校的名聲不太好，它位在愛荷華州九十九個縣中最貧窮的縣裡，歐巴馬政府將該校評為全國排名倒數百分之十的學校之一。

這所學校被認為是所謂的「輟學工廠」，這個名詞來自在紀錄片《等待超人》（*Waiting for Superman*），用來形容一所會妨礙畢業生提升社會經濟地位的學校。

喬爾的至親好友都勸他別接這份工作，他們說這個學區的氛圍惡劣，沒救了，他肯定會在展開職涯之前就因為這份工作而耗盡熱情和理想。但喬爾是樂觀主義者，而且他不認為傳言中關於紅雀社區的描述是正確的。他相信，如果你能讓生態系統中的每個人都相信自己有能力創造有意義的變革，就能提升整個系統和系統裡每位成員的潛能和表現。

他接受了督學的工作。同年，喬爾在逛邦諾書店時，注意到一本亮橘色封面的書籍，那是我寫的《哈佛最受歡迎的快樂工作學》。他閱讀之後，發現書中驗證了他想在紅雀社區採行的做法，於是立刻著手進行積極的改革。

喬爾知道，為了提升自身的領導潛能，他需要所有他能得到的幫助。所以他做的第一件事，是確定他需要哪些人的支持，那就是：社區裡具有正面影響力的人。他找到願意積極參與並仍相信教育力量的老師，並將這些領導人提升為各個重要校務委員會裡的負責人。然後，在他們的幫助下，他開始改變整個學區生態裡眾人的心態。

大多數人都認為最有權力的人是老師、校長和督學。但當喬爾想著誰是紅雀社區學區最有權力的人時，他的名單裡不僅有老師和行政人員，還包括了餐廳員工、圖書館員、清潔工和導護人員。大多數學校偶爾會為教師和高層行政人員提供培訓，但很少（甚至從未）將領導力擴展至其他同樣重要的工作人員身上，也就是直接面對學生的員工，比如：校車司機、維修工人和校長辦公室的接待人員。他必須賦予在這些工作崗位上的人領導的權力；但他也知道，他必須先幫這些人認識到「自己是領導人」這件事。

所以他向學區的所有工作人員進行簡報，告訴這些人，不論他們的正式職務、工作職責或薪資等級為何，每個人都能對學校的文化和學生的未來產生巨大的影響。隨後，他就將這些話的內容付諸行動。他鼓勵校車司機為每位搭乘校車的學生寫張祝福的小紙條，使學生能以愉快的心情展開每一天；他邀請代課老師參加教師培訓；還為準備午餐的工作人員舉辦研討會，說明正向心理學的優點。簡言之，他授權給他「星系」中的每個人，讓他們都具有成為超級明星的力量。

學區的變革開始產生影響了，但喬爾知道，為了維護並保持最初的動力，他必須讓人們持續認同這樣的文化轉變。就在這時，一張同樣以鮮豔橘色印製的宣傳單引起了喬爾的注意。傳單的內容是關於美國學校行政人員協會（AASA）舉辦的正向心理學課程，以及我寫的《橘色青蛙》（*The Orange Frog*）的寓言故事。

《橘色青蛙》是本童書，大部分內容是我在從澳洲返美的長途飛行中完成的。之前曾有許多家長到我公司的網站上留言，說他們希望讓還無法讀懂充滿科學研究的書籍的孩子，也能理解《哈佛最受歡迎的快樂工作學》一書中的概念。所以我寫這本書時，創造了一個能讓孩子覺得有趣又易讀的故事，並藉由一個害怕積極正向會讓自己顯得與眾不同的角色，最終發現成為一個樂觀主義者是好處多多的。

這本書講述一隻叫做史巴克[12]的青蛙，牠住在一個全是綠色青蛙的島上。因為史巴

12 譯注：spark，原意為「火花」，在此具有象徵意義。

克身上有一個橘色的斑點，所以牠成為群體中的異類。除了奇特的顏色外，史巴克還是個樂觀主義者，但牠身邊卻全是悲觀的人。當史巴克向其他青蛙傳送正能量時，牠身上的橘色斑點就會變得更深，這使牠在島上更顯得格格不入。隨著故事的發展，史巴克發現牠身上的橘色不僅有利於保護牠免受生態系統中掠食者（如：蒼鷺）的威脅，而且它還具有傳染性。於是牠開始設法讓其他的青蛙也變成橘色。當然，這個故事的目的是要說明一個正面積極的人，如何創造正向的連鎖效應，並影響周遭的人。

喬爾希望在紅雀社區學區也能創造同樣的連鎖效應，讓學校裡所有的「綠色青蛙」都相信自己是領導者，並且每個人都能幫助處於困境中的學生充分發揮潛力。因此喬爾將「橘色青蛙研討會」，作為團結學區所有人的敘事核心。

這些連鎖效應非常美好，不僅校車司機、老師和午餐工作人員都在讀這本書，不久他們還採用我們創作的《橘色青蛙》繪本，讓全班的同學也能一起閱讀。學生還成立了「隨手行善」社團，為需要鼓勵的同學付出關心。教職員跟學生們都開始練習感恩、冥想和寫日記。這些橘色青蛙成了真正的「改革特工」（你可以在shawnachor.com上觀看紅雀社區學區精彩的影片，在影片裡你會看到過去漠不關心的教師四處奔走，讓學校的面貌煥然一新，從代表危險的紅色，變成明亮燦爛的橘色）。

當我跟全國各地的學校合作時，發現許多學校都有教師改變學生人生這樣鼓舞人心的軼事。但紅雀社區學區的不同之處在於他們有數據，可以將人們在各自崗位發揮領導力所帶來的影響加以量化。從二〇一二年起，紅雀高中的大學測驗（ACT）平均成績在短短五年內從十七分增加到二十一分！在二〇一六年，該校的畢業率達到九十二%，這對任何學校來說都是令人印象深刻的成就。對於一個曾經被稱為「輟學工廠」、資金短缺的學區而言，更是非同尋常。

喬爾是個傑出的教育工作者，但他沒有把所有改革的重擔扛在自己肩上，而是將它擴展到一個比他單獨行動時更能發光發亮的「星系」中。

由於喬爾跟他的團隊所實行的變革，紅雀高中的入學率在數十年來首度開始上升。那些原本可以將孩子送到最富裕學區就讀的父母，逐漸選擇了這所位於最貧窮縣城的學校，因為他們相信那裡會為孩子提供更好的教育。最後，該縣通過一項五百三十萬美元的債券發行計畫，用於進一步投資學校的發展。

而今，紅雀社區學區的成功模式正在愛荷華州、亞利桑那州、威斯康辛州、密西根州、肯塔基州和伊利諾州的學校中複製。比如在伊利諾州，史翁伯格五十四學區原本就已擁有在該州最高的成績，但督學安迪・杜羅斯（Andy DuRoss）認為，如果他們能讓整個生態系統都以同樣的正面頻率運作，將可以開發學生更多的潛能。因此在四月份，他和校長阿曼達・思妥克爾（Amanda Stochl）將「橘色青蛙」的研究推廣至林肯草原小學的教職員及全體學生。他們發現僅在二十一天後，九十一％的學生就覺得在學校裡感到更快樂，七十％的學生在校外也覺得更快樂，八十五％的學生相信自己可以學會如何變得更快樂。同時，在為期三週的研究之旅結束後，高達九十六・三％的教職員都感到更正面積極了。

喬爾和其他的教育工作者之所以能夠逆風翻盤，改變他們的學區，不僅是因為他們認識到自己具有改變現狀的力量，他們也懂得如何擴展這種力量，將周遭的人變成真正的變革者。

在本章，你會學到如何透過以下四種基本策略來做到這一點。

策略一：看見自己的領導力。

策略二：用熱情影響更多人。

策略三：強化領導力。

策略四：找尋工作的真義。

策略一：看見自己的領導力

波士頓愛樂樂團指揮班傑明・桑德（Benjamin Zander）曾多次獲得葛萊美獎提名，也曾在ＴＥＤ上發表以「音樂和熱情」為主旨的演說。他提到有位女性大提琴手，因為自己坐在大提琴部第十一個席次而感到沮喪。她關注的焦點不是自己已經成為全球最優秀、最著名的樂團成員之一，而是在她前面還有十位排名比她更高的樂手。儘管她擁有能加入這個菁英團隊的天賦，但她覺得自己只是樂團中一個微不足道的齒輪。

桑德察覺到她的失落，在思索該如何提升對方的自信後，便決定詢問她，在下週即將演奏的交響曲中，有段極具挑戰性的樂章該如何指揮。對方謹慎地提供了意見，桑德也依照她的建議指揮該曲目，結果佳評如潮。就如桑德所述：「從那時起，這位坐在第十一個席次的大提琴手猶如脫胎換骨。」為什麼呢？桑德在他的演說中提到，那位大提琴家告訴他，這是因為她現在覺得自己是個領導者，即使她身處樂團組織的最底層，坐在卑微的第十一個席次。

我之所以喜歡這個關於潛能的故事，不僅是因為那第十一席次的大提琴手將自己的表演提升到新的高度，整個樂團也隨之進步了，這種共好正是大潛能的目標。

一旦我們擴展了目前在大多數企業、學校和組織中仍盛行的狹隘「領導」定義，我們的生活和工作都可以達到類似的同贏境界。在勤業眾信管理顧問公司於二〇一四年的全球人力資本趨勢調查中，有八十六％的受訪者認為「各階層領導者」的需求，是當今企業面臨最關鍵的一個問題，且此需求是「迫切」或「重要」的。在一份分析調查結果的論文中，勤業眾信的領導人寫道，在每個階層培養領導力「是全球各組織面臨的首要人才問題」。然而，只有十三％的受訪者表示自己在培訓各階層領導者方面做得很好，這顯示如果我們不盡快授權給每個人——不論他們的職位、年齡和職稱——領導的權力，未來將會非常黯淡。

過去潛能的定義（即小潛力）認為：除非你位高權重，否則你無法改變他人，也無法改變公司文化。儘管這個迷思在企業界和教育界仍被廣為認可（二〇一六年《哈佛商業評論》其中的一個封面文案還寫著：「你無法修復組織文化」），但事實上這樣的改變是可能的。

如果你是第十一席次的大提琴手，你可以向指揮提供建議，提升整個樂團的表現。如果你是學生，你可以改善或破壞班級的氣氛。如果你是中層管理者，你可以藉由創造一種支持而非壓力的文化，來改善部屬在下班後對待子女的方式。如果你是「卑微的」實習生或助理，你可以提前一天將文件發送給每位將參與會議的客戶，來幫助你的老闆更有效地進行會議。在凱撒醫療集團，接待人員可以透過詢問患者是否願意安排乳房X光檢查，進而挽救他們免於致命的癌症。

同樣地，你也要相信自己在任何位置都有能力產生影響，這是提升你潛力的第一步。

策略二：用熱情影響更多人

一九九八年，美國國家及社區服務團（CNCS），這個負責美國公民服務隊（AmeriCorps）及其他服務項目的政府機構，看見了一個能擴展其影響力的大好機會。他們需要找到讓年輕人參與社區志願服務的方法。

我妹妹艾美・布蘭克森（Amy Blankson）當時還在唸高中，她對這項活動非常感興趣，當她得知有一場針對這項議題的領導力會議即將舉行，就前往登記。但讓她驚訝的是，她收到一封回信，說這個會議只開放給成年人參加。

艾美並沒有因為遭到拒絕而退縮，而是寄了一封信給美國國家及社區服務團的委員會，在信中她熱情地說服他們，如果希望青少年參與志願服務，就必須賦予他們領導的權力。委員會對於一位年輕人被拒絕參加青年志工服務會議感到震驚，並迅速改變了立場。那年，艾美成為全國及社區服務總會董事會的第一位青年成員。同年，她出席德州中部組織的一個青年高峰會議，當場更有眾多高中學生承諾要為當地的慈善機構和非營利組織提供十二萬個小時的志願服務。

正如你不需要擔任正式的領導角色才能發揮領導力，你同樣也不需要位居正式的領導職位，才能賦予和激勵他人也這樣做。畢竟，如果一個充滿熱情的高中生都能啟發數百位年輕人透過志願服務來改變他們的社區，那麼我們每個人也可以在自己的社區和公司中擴展領導力。

關鍵就在於要為你激勵人心的演說先鋪路，我稱此為「進階版簡報」（elevated pitch）。這有點像典型的「電梯簡報」（elevator pitch），只不過你不必將你的簡報縮短成在乘坐電梯時完成，而是在這段時間內快速說服他人成為積極的變革力量。這種進階版簡報的好處在於，它能激勵人們在各自的位置上發揮領導力。

但要說服別人改變是很困難的，畢竟，人是慣性動物，對於新奇和不同的想法會產生抗拒。這就是為什麼進階版簡報不是當下的即興創作，它需要花時間精心設計和策劃。比如當凱撒醫療集團的高層領導需要說服接待人員擴展對自身潛力的認知，讓他們將自己視為醫療健康的提供者之前，他們花了數週的時間充分準備，以便能確切向員工傳達「健康是相互關連」的觀念。

你應該從考慮進階版簡報的接收者已經關心的內容開始說明。比如你試圖激勵一群銷售主管，你知道他們在意的是收入和達成銷售目標。若你想啟發他們接受更具包容性的領導風格，你可以讓他們看一項研究或一個例子，顯示他們的銷售額與主管對待後勤人員的方式，以及花多少時間指導團隊中資淺銷售人員是密切相關的。或者，如果你的目標是幫助個性活潑外向的青少年孩子更有動力申請大學，你可以跟他聊聊關於學校社團、活動和社交機會（也就是派對）等事情。這樣做的目的是，**當你幫助人們看見他們為什麼應該要改變時，就會激發對方的責任感，將冷漠或慣性轉化為潛力。**

我母親曾在高中擔任英文老師二十多年，她常提到她任教的公立學校制度裡缺乏擔當和責任感是如何扼殺了潛力。每當出現問題或預算短缺時，學校管理層就會怪罪州政府，而不是主動設法解決問題。若是學生在學習上沒有持續進步，老師就會怪罪家長。那若是學生不快樂呢？當然，他們就會怪罪老師。冷漠和責備像病毒一樣會蔓延，結果每個人都感到越來越無力。

真正的領導力在於關心並設法解決問題，而不是不停推卸責任。

如果無法鼓勵公司裡每位員工積極參與和發揮領導力，會直接影響業務成果。在蓋洛普二〇一三年發布的《全球職場環境調查》報告中，發現全球有六十三%的員工對於自己的工作有無力感和不夠積極，另外還有二十四%的員工則是選擇擺爛。根據該報告，這些員工不僅工作效率低，還經常將他們負面與不願合作的心態傳染給其他同事。光是在美國，因為不敬業而造成的虧損，每年就超過五千億美元，這是一個讓人無法等閒視之的數字。雖然老闆可能會想解雇那些士氣低落的員工，但這樣做只是短期的解決之道。組織長期的成功有賴於能將那些選擇擺爛的員工，引導至更積極的方向，而不是把他們掃地出門。

幾年前我受邀到保險巨頭全州保險公司（Allstate）演講。我得知他們的執行長在那時正運用前述「進階版簡報」的方式，希望能激勵全公司從資深管理階層到新進人員共三萬五千名員工，接受他試圖在全公司推廣的全面文化變革。能夠實現文化變革的方式之一，是從公司外部引進一流的合作夥伴來進行培訓，但這通常要花費數百萬美元。

執行長湯姆・威爾森（Tom Wilson）明白，強迫人們被動參加公司的訓練課程，並不是激發責任感的最佳方法。相反地，他想成立一支倡導積極變革的軍隊。所以他跟他的團隊發起「每個職務皆領導」的活動，並邀請員工擔任為訓練同僚的志願者。他的進階版簡報內容是：為了學習領導技巧並獲得升遷，無論你在公司的職位是什麼，都必須承擔起領導的責任。最終，公司共有兩百八十位志願教練跟全州保險的專業培訓師會面，學習基本的培訓技巧，然後在他們設計的訓練課程中自由發揮，盡情展現各自獨特的見解。

最後，一場令人驚嘆、充滿創意的成果得以展現。為了吸引大家認真參與，這些教練使用了圖卡、棋盤遊戲或填充玩偶，方式應有盡有。此外，因為這些志願者來自公司各階層，這也有助於打破典型企業壁壘分明的層級；這些教練發現，他們老闆的老闆的老闆可能會參加他們的培訓課程，這讓他們感到振奮。

當我在全國人壽的會議上為啟動和慶祝這項提案演講時，有兩件事情讓我印象深刻。首先，跨越企業的不同層級，能讓我們獲得各種想法和關係（即第二章提到的支柱、橋樑和擴展者）之間互利的美好交流，進而協力建構公司文化，並加速擴展組織的力量。其次，邀請各個職位的人來擔任領導工作具有長期且正面影響。這兩百八十位正向改革的鬥士並不像在其他公司的員工那樣，在回到他們原來的工作崗位後只是做個大車輪上的小齒輪，而是持續地積極投入、參與，並不斷提高個人領導潛能的上限。此外，他們的老闆的老闆可能也會參與他們的訓練課程這件事，能讓員工保持動力，因為這不但提高他們升遷的機率，也為管理階層開啟更多發現人才並提供升遷的機會，因為很有可能他們過去都忽略了這些人才。

另一個同樣創造積極組織變革的最成功倡議者之一是聯合健康集團（UnitedHealth Group），尤其是在文化部資深副總裁大衛・史巴克曼（Dave Sparkman）及其團隊領導的工作。

大衛沒有試圖獨自承擔在一間擁有二十三萬多名員工的公司裡改變企業文化的巨大挑戰，而是提出進階版簡報——他邀請員工志願擔任「文化大使」（culture ambassadors）。

有鑑於該集團的員工必須接受額外的訓練並承擔更多責任——而且沒有加薪——才能成為文化大使，對此做法持懷疑態度的人可能認為只有五到十位員工會接受他的邀請。但事實上，目前該公司已經任命一萬名文化大使，而且人數還在增加中。員工之所以想要參與，不只是為了想學習如何創造更好的文化，同時他們也想成為更好的領導者。

當我在鳳凰城的一次會議上跟大衛聊天時，他在過去一個月才剛去過亞洲（四次）、巴西和歐洲，並進行進階版簡報，說明文化變革需要倡導者的想法。逐漸地，他規模雖小但精明幹練、且富有遠見的團隊，在全球持續擴大影響力，激勵來自許多國家、說著不同語言的文化大使參與改革，而不是「等待世界去改變」。

你也可以運用進階版簡報邀請人們成為你個人生活中的改革代理人。當我感到沮喪時，我告訴朋友們，我想跟他們分享我的心情，他們立刻就提供我需要的支持。

即使是父母，也可以藉由要孩子參與家中的決策，或是讓他們在該接受什麼樣的獎懲時能提出意見，以鼓勵孩子勇於承擔更多責任。或者你可以「授權」他們，負責為親子一起種植的植物澆水或是餵養寵物，又或者讓年長的兄姊照顧弟妹。

我記得有天晚上我旅行回來，到家後人都累癱了，根本沒有力氣跟我兒子打鬧玩耍好讓他睡覺。突然我靈機一動，問李歐是否可以幫我代為準備平常由我負責的上床就寢事情。

李歐對於這個被指派的任務感到非常興奮，他很快完成他每晚的睡前儀式：所有多半是我需要為他做的事，像是把小卡車放到他床上，幫他穿睡衣和刷牙。然後他幫我蓋上毯子，還好心地給我一台他的小卡車陪伴我睡覺。在關燈後，他自豪地跑回他的房間，立刻進入夢鄉。

事實證明，透過一個好的進階版簡報，我們甚至可以幫助一個三歲的孩子啟動他的領導潛力。

策略三：強化領導力

美國電腦科學公司是家資本額高達一百七十億美元的顧問公司，它有一個部門正遇到難關。根據倫敦西敏寺商學院教授弗拉特卡·胡碧克（Vlatka Hlupic）的研究顯示，該部門的成長與收益停滯不前，導致顧問工作量不足。在收入降低的同時，卻還要支付員工高額薪資，這無疑是雪上加霜。

那些曾在大公司工作過的人，都知道遇到這種情況的典型反應會是什麼。高層領導緊抓住控制權，開始提出各種解決方案，像是減薪和裁員，還有下達必須提升效率的命令。但當部門領導階層變得專制，要求所有專案都必須經過正式的批准程序時，情況會變得更糟。正如胡碧克所寫：「這導致了業績下降，對員工的動力造成負面影響。優秀的員工開始離職，要找到能夠替代他們的人也越來越困難。取代舊員工和訓練新員工的花費會提升成本，同時降低營業收入。這些改變都將減緩決策過程，降低風險承擔能力，並且打擊創業精神。」

當部門主管意識到這種「命令與控制」的模式失敗後，決定將權力從最高管理階層手中，擴展至整個組織。他們授權顧問自組團隊，委託他們負責追求工作績效的任務，同時也要注重公司透明度、公平性及合作的指導核心價值。員工在這種新的決策和信任激勵之下，很快就成為團隊中的領導者。第一年，該部門的利潤幅度便提高一百五十一％！

更令人驚訝的是，僅僅明確知道他們進步多少（有精確的百分比），就激勵了這些領導者更積極用心地投入他們的團隊。隔年，利潤又提升了，這次則高達兩百三十八％。然後，權力再進一步擴展。受到這些量化結果的啟發，第二個部門試著複製同事們所創造的「星系」，授予團隊更多權力和自主權，他們的利潤幅度上升到甚至更高的兩百九十五％！因此，他們的進步成了大潛能的燃料。

要持續變革，我們必須獎勵並強化人們創造變革所付出的努力。比如凱撒醫療集團追蹤計畫的成果，並確保全體員工都知道他們究竟拯救了多少性命。而在紅雀社區學區，喬爾確保從導護人員到餐廳員工都知道學生的畢業率大幅提高。當人們看到自己努力的成果時，就會創造一個正向的回饋循環，使進步成為未來更大變革的催化劑。

策略四：找尋工作的真義

每當我對個人或團體說到「人人皆領袖」的觀念時，經常會聽到一種批評的聲音：「但如果我的工作根本無法讓我施展領導力，更不用說發揮大潛能了，那該怎麼辦？」**但我相信，幾乎在任何工作中，你都可以發現通往領導力的途徑。**只是首先，你需要通往「意義」的道路。

耶魯大學管理學院的組織行為學教授艾美・瑞斯尼斯基（Amy Wrzesniewski），在其研究中，專注於擴展工作中的意義。根據她的研究，**人們會以下面三種方式看待他們的職業：將之視為工作、事業或使命。**工作只是你為了薪水而忍受的事情；事業則是**能在社會上帶來聲望或地位的工作；使命是你將之視為自我身分和生活意義不可或缺的一部分，能讓你感到滿足和有意義。**也就是說，使命是通往大潛能的途徑。

如果有人問你社會上哪些工作最難被視為使命，而不僅是一份工作，你的答案是什麼？當人們被問到這個問題時，常見的答案有「養老院的清潔工」、「收費站的收費員」和「清潔隊員」。人們通常認為這些工作的權力和領導潛力排名很低，但瑞斯尼斯基的研究顯示，當你問人們如何看待自己的工作時，在各行各業中的答案都相當一致。比如，瑞斯尼斯基發現無論是行政助理、醫院員工，甚至是養老院的清潔工，都可能跟其他大多數行業的人一樣，會視自己的工作為真正的使命。換句話說，無論我們在哪個位置，都能在工作中找到意義。

下次你到雜貨店時，注意一下每個收銀台旁的裝袋人員。很可能你會看到與瑞斯尼斯基所描述的「三分之一規則」情況相符——三分之一的人會看起來無聊又冷漠，三分之一的人會工作很有效率，但顯得機械化，缺乏熱情；還有三分之一的人會感覺很開心、精力充沛，而且對顧客很親切。同樣的工作，卻有三種不同的反應。我想，即使那些看起來快樂的人也不會想一輩子都在超市當裝袋人員，同時也不認為這是他們的夢想，或這份工作能發揮他們的特長。但他們仍能在工作中的細微處找到創造意義的方法，不論是透過說說笑話或讚美讓顧客感到愉快，或想辦法加快結帳速度來讓收銀員的工作更輕鬆，或是鼓勵顧客多自備購物袋為環保盡一份心力。這樣的人能證明：不僅領導力是種選擇，意義也是如此。

想激發大潛能就要從你開始做起，這代表找到目前職位中的意義是你的責任，所以現在就問問自己：你的工作是否能改善人們的生活，即使你能做的很有限？你是否能跟人建立更深層的連結？你是否有機會透過與人互動而讓對方的一天更美好？你是否能在某種程度上改善這個世界？我曾在《哈佛最受歡迎的快樂工作學》中提到的研究發現，即使每天只花兩分鐘記錄工作中一次有意義的經驗，也有助於你的大腦識別這些時刻，還能看到如何將更多這樣的時刻融入日常生活中。

如果要深入探究，那麼問問自己，你是否能在工作中運用你的獨特技能，像是創意、EQ，或是對數字的敏感度？找到每天至少能運用一種自身強項的方法。如果你能全心投入發揮所長，那你更容易將工作視為一種使命。

許多人無法將目前的工作視為使命，是因為他們希望有朝一日能轉換跑道，改做其他的事。結果，他們忙著美化或執著於未來的夢幻工作，以至於忘記在當前工作中需要全力以赴的事。別被未來所束縛。對未來擁有目標或抱負並沒有錯，但若你總是在尋找更好的機會，你將永遠不會看到你目前所處環境的美好。

記住，正如成功和潛力並非零和遊戲，意義也不是。幫助他人看到他們生活和工作中的意義，並不會減少你自身的意義；相反地，你的價值和意義會隨之提升。而這種意義，正是賦予我們領導能力的力量。

從午餐做起的大變革

非洲的第一位女總統是賴比瑞亞知名的艾倫・強森・瑟利夫（Ellen Johnson Sirleaf），這位巾幗英雄的勇氣讓她超越對於性別的刻板印象，甚至擔任政府最高階層的領導人。她寫道，「你夢想的大小永遠必須超越你當前的能力。如果你的夢想不會讓你感到害怕，那就表示它們還不夠大。」而偉大的夢想需要我們擴展潛力，超越個人能獨力達成的目標。因此，本章我將以一個故事作為結尾，提醒大家，當我們真正懷抱遠大的夢想時，改變將無可限量。

我在上大學的第一天，就遇到金・安（Ann S. Kim）。安跟許多追求高薪工作的哈佛同學不同，她希望能發揮自身最大的影響力。十年後，安跟美國公共衛生局局長合作，致力於創造一個更健康的世界。她的核心信念是：如果我們想要一個更美好的世界，就必須將權力擴展到社會上似乎擁有最少權力的人身上，那就是：貧困的孩童。

前衛生局局長韋維克・墨菲（Vivek Murthy）在二〇一六年說道：「我認為，我們若想創造一個更健康的國家，就得賦予更多人具有改變生活的能力，但同時我們也必須賦予他們改變環境的能力。」改善營養就可以對社會健康產生巨大的影響，尤其是對生活在貧困環境中的兒童。所以安與舊金山聯合校區及創意設計公司艾迪歐（IDEO）合作，他們想讓貧窮的小學生也能成為健康飲食變革的領航者。

結果他們發現，要讓該區學生吃得更健康的最大挑戰，並非自助餐廳缺乏健康午餐的選擇，而是孩子們根本不喜歡吃那些營養的餐點。年長的學生懶得排隊，也不喜歡餐廳的環境，所以大多會放棄自助餐廳的健康食物，開車到校外吃速食。對於年紀較小的孩子來說，自助餐廳充滿同儕壓力和霸凌，例如孩子們會觀察並批評同學便當袋裡的東西，結果有些孩子寧可餓肚子，什麼都不吃，或是互相交換不健康的食物，也不願被同儕看到他們排隊拿著興趣缺缺的食物。

安和她艾迪歐的夥伴們在解構這樣的午餐經驗後發現，校方可以透過讓學生參與午餐過程，解決許多相關的問題。與其讓學生心不甘情不願地排隊等餐廳員工把當天的食物倒在盤子上，不如讓他們輪流擔任「服務生」，負責推餐車把食物送到同學面前。食物也不是自己點選，而是以家庭聚餐的方式提供。沒吃夠的孩子可以簡單說句：「請把豆子傳過來。」而不是挨餓或去霸凌別人。

漸漸地，學生們開始覺得自己有了發言權，這也促使他們開始主動建議自己喜歡的食物。當他們看到其他同學選擇有機菠菜，這也會激勵他們去吃健康的食物。孩子們被教導食物的成分，也學習有機食物、優質脂肪和麩質飲食等知識，回家後他們會成為家人的榜樣，主動詢問家裡的餅乾是否是用健康的油製作的。孩子們在整個過程中變成參與者，而不是受害者。

沒有任何午餐計畫能解決與健康或貧窮有關的所有問題，但這是個開始，而且它啟動了一個良性循環。行政單位因為減少食物的浪費而節省了開銷；校方因這樣的創新計畫成功而感到驕傲；整個社區也因為飆車到速食店用餐的青少年減少而變得更安全。此外，學生飲食習慣的全面改善，更直接使疾病減少、學業成績提高、霸凌事件遞減等。而這一切改變都始於賦予學生權力，讓他們從每個午餐座位上開始展現領導力。

第五章

提升他人的潛能：打造讚美與肯定的稜鏡

當莎拉走進會議室時，她導師的話言猶在耳：「不是妳，就是她。」莎拉坐下來，跟她法律事務所的合夥人進行午後會議，她知道為了想要被選中成為公司的新合夥人，她得證明自己比競爭對手更優秀。

被提名為合夥人是場殘酷的競爭，尤其在那一年。爭取這項升遷的兩位女性候選人都非常出色，但只有一人能在該輪競爭中勝出。這兩位都進行了同一件大型收購案，而且都為公司賺了一大筆錢。

在第一輪面試中，莎拉採取了導師的建議，對其中一位合夥人大力「推銷」自己。她仔細說明了自己的成就，巧妙地誇讚自己在別人錯失良機時卻能看見機會的能力。然而，結束會議後，她總覺得有什麼地方不太對勁。

接著，在第二輪面試中，這次是跟一位資深合夥人面談，她改弦易轍。當那位合夥人稱讚她在收購案的成功時，莎拉沒有重複上次面談時準備好的相同台詞，而是回答：「謝謝你的讚美，那是我最自豪的一項成就，但也感謝你為我安排的團隊。你聘請的新助理提姆，整整熬夜三天，幫我完成計畫。還有凱倫（另一位競爭合夥人），也為這項計畫盡心盡力。她是我合作過最聰明的律師之一。」

莎拉後來坦承，那時她內心有些糾結，擔心那麼做會失去優勢。永遠不要讓競爭對手看起來比自己好，對吧？但同時，肯定那些同事的貢獻，讓她感覺更實在。所以在接下來的面談中，她都分享這樣的感受。

一個月後，她被叫進資深合夥人的辦公室，告知她獲得了這個職位。他告訴她，她和另一位競爭者勢均力敵，但是兩人之間的小差異決定了結果。他表示，凱倫以收購案證明她有資格可以成為合夥人；但莎拉卻是透過收購案來讚美另一位候選人、年輕助理，甚至還感謝資深合夥人聘請了優秀的人才。他說：「妳成為合夥人是因為妳不僅優秀，而且妳還會對整個事務所有幫助。」

讚美會形成良性循環

有些人把讚許視為有限的資源。他們認為晉升和成功的關鍵，是獲取並積累越多認可、欽佩和讚揚。

然而，許多人沒有意識到的是，讚美是種能再生的能源，能創造良性循環。當我們讚美得當，讚美的行動會激發大腦做出更好的表現，當我們給出的讚美越多，創造的成功就越多；而成功越多，值得讚美的事情也會變多。

所以，我們要成為讚美的稜鏡，而不是讚美的吝嗇鬼。在物理學裡，稜鏡是有著多個反射面的物體。當光照射到稜鏡上，不同的波長會以不同的角度彎曲，當光線穿透稜鏡再現時，便會產生彩虹般的效果。換句話說，稜鏡不僅吸收或反射光線，透過將光線照射到他人身上，它們自身也會增強光亮並更加美麗。莎拉就是名符其實的「讚美稜鏡」：她把讚美的光芒照射到別人身上，而不是將之吸收或減少，她不僅讓同事顯得出色，同時也提升了自己的價值。

我過去五年所做的研究顯示，你越能真誠地將讚美之光照耀在你人際關係中的每個人身上，你個人和集體的潛能都會獲得提升。在本章中，你會看到如何透過提升周圍人的表現來提升整個人際生態系統的集體動力和表現，繼而培育讓潛能成長的沃土。

關於讚美，我們不僅是做得不夠，而且還用錯了方式。我甚至要極端地說，我們目前使用的讚美模式讓大多數團隊都失去了動力，讓家庭衝突加劇，更讓我們的潛能受限。

會導致此問題的核心在於，我們該如何正確處理生活中的讚美和肯定。我們對讚美的反應，要不是出於害羞或謙虛而推拒（比如說：「我不過是運氣好罷了」），就是誤認為自己獲得的讚美太少，而將其完全據為己有。在這兩種情況，讚美都會被抑制，光芒會在完全閃耀前就熄滅。我們必須想辦法吸收讚美之光，並將其折射出去。

我們犯了一些具體的錯誤，導致我們無意中熄滅了讚美的光芒。正如史丹佛大學卡蘿・杜維克教授（Carol Dweck）在其傑作《心態致勝》（*Mindset*）中所寫的，關於「讚美」這件事，我們所犯的錯，除了只讚美「結果」而忽略「過程」之外，還有以下三大錯誤。

一、即便我們原本是要強調他人做對了什麼，但卻經常本能地指出他們做錯的事。

二、一般人多半習慣用「與他人比較」的方式來讚美，也就是藉由貶低另一個人來嘉許某個人。

三、我們過度重視讚美表現最好的個人（而且這些人通常已經獲得獎勵），而非團隊的集體努力。我們期望讚美會由上往下流動，而不是往各個方向自由地移動。

在本章，你會學到六個能在公司、社區或家庭裡擴大讚美力的策略：

策略一：停止比較式的讚美。

策略二：看見優點，比找出缺點更有意義。

策略三：表揚基層人員。

策略四：讓讚美普及。

策略五：發現隱藏的樂觀者。

策略六：別只讚美成果，而要「以讚美獲得成果」。

策略一：停止比較式的讚美

有時候我演講完會收到這樣的讚美，但這也是最糟的一種：「你是今天最棒的演講人。」你可能會問，這有什麼不好呢？

嗯，首先，這種讚美貶低了其他所有的演講人。如果另一位講者就站在我身邊呢？其次，這讓我意識到，在很多情況下，我可能不會是最優秀的，所以當下我反而會覺得緊張和自卑。這樣的讚美方式不會讓我高興，反而心裡很不踏實。

這就是人們在讚美時最常犯的錯誤：用「你的報告比傑克的好」、「你是房間裡最聰明的人」或「你是場上最出色的球員」這類的方式稱讚他人。這樣做，**你是在進行比較，而不是讚美。你試圖透過貶低他人來提升某人！**

當你告訴某人他們「比」別人更好時，就代表另一個人「比較差」。此外，告訴別人他們「比較好」或是「最好」時，便是在無意識地顯示你對另一個人的表現沒多大期望。同時，如果我們的目標只是比別人更好，這是否代表我們的自我期許太低了？

想想我們是不是常陷入比較的陷阱。「你是這個房間裡最受歡迎／最聰明／最有趣的人。」為什麼我們要透過貶低在同個空間裡的其他人來讚美一個人呢？如果那個人到了另一個地方，而那裡盡是更迷人／更聰明／更有趣的人，那該怎麼辦？為什麼不直接說：「你很美麗、聰明又風趣」呢？比較性的讚美會助長小潛力的心態，也就是認為成功、領導力、創造力、美麗、愛，或其他任何我們關心的東西，都是有限的資源；這種想法加劇了小潛力的零和心態，認為成功是有限的，只有少數人才能獲得。當你告訴一群人，他們之中只有某些人能成功時，這是在打擊每個人的動力、雄心和潛能。

停止比較式讚美的方式，就是從我們的詞彙中刪除最高級，像是「最好」、「最快」、「最聰明」、「最漂亮」，這些字眼都會削弱他人的信心。請遵循我認為領導者和父母都不可違背的讚美法則：**不要以犧牲他人為代價來讚美**。

我收過最好的讚美，與我的演講風格無關，而是有人告訴我，他們將開始實行我所說的某個積極習慣，或是購買我的書送給一個正身處逆境的朋友。**認可某人最真誠的方式，就是改變你的行為**。

我們的文化，尤其是我們的學校制度，充斥著一種微妙但危險的比較式讚美。每年在大多數的頂尖大學裡，都有一定比例令人討厭的教授為了反對「成績膨脹」[13]，因而採取嚴格的曲線評分[14]，這種評分方式是基於一種錯誤的信念，也就是如果你對績效進行評定等級或分數，那麼員工的表現就會有所提升。但事實並非如此。

首先，強制規定只有少數同學可以拿A，就是向學生傳達「學術成就是有限的資源」的訊息，而這與我們試圖透過大潛能實現目標的想法背道而馳。其次，這些學生在各自家鄉裡的學校都是班上的佼佼者，那麼為什麼我們要自動假設其中有百分之三十的人在大學該拿C呢？最後，這種制度會讓那些可能真的很想認真學習的學生打退堂鼓，因為擔心會降低他們的平均分數而不敢選修這些課。

有些人可能會認為這樣的競爭是有益的。或者說，為了篩選出最出類拔萃的醫學預科學生，就必須對表現都很優秀的學生強制設定一個虛假的曲線。但有鑒於我們生活在一個醫生嚴重短缺的社會，這種理由根本站不住腳；事實上，所謂的「篩選」，主要是因為大學沒有足夠的預科醫學教授。即使不是這樣，又為何要在學生才剛進學校的第一年，還在學習如何適應時，就把他們淘汰掉？如果給他們學習的機會，其中有許多人是可以成為優秀的醫生的。我們這樣做，是在他們潛能還未發展前就予以扼殺。

在職場上，我們在績效評估中遭受了比較式讚美的毒害，尤其是以數值為員工評分的模式。這在理論上看來可能無害，但這些類型的評估會與曲線評分產生同樣的效果；當管理者誤認為只有少數員工能拿「A」時，會讓那些得分較低的員工失去動力，心生怨氣。

在《哈佛商業評論》上發表的一篇極有趣的文章中，來自神經領導力協會的大衛・洛克（David Rock）提出更多理由，說明為什麼績效評量已經過時。他認為許多公司採用的數值評量系統並沒有考慮現今工作完成方式已經改變。相較於以往，現在有更多工作是透過團隊進行的，而且有許多人同時參與多個團隊，這些團隊還常分散在世界各地。他寫道：「當員工參與許多團隊工作時，很少有管理者能確知他們的表現如何，尤其是這些員工做著管理者沒看到、甚至不了解的工作時。」「一年一次的標準化績效評量，如今已不符合我們現在的工作方式。」

---

13 譯注：grade inflation，給學生更高的成績及等級，導致學生的平均成績偏高。

14 譯注：grading curve，為了確保同一門課的所有學生成績分布呈現一個特定的模式（通常是鐘形曲線），教授會根據學生的整體表現，調整每個學生的原始分數。

但如果我們取消績效評量，人們得到的讚美和建設性回饋會更少嗎？實際上，恰恰相反。在神經領導力協會研究的三十家頂尖公司中，在不使用績效評量的情況下，管理者常給予員工建設性回饋和讚美的機率增加了三到四倍。幸運的是，有些創新公司更容易接受這個想法。

多年來，我花了不少時間跟北加州的奧多比系統公司（Adobe）合作。早在二〇一一年，他們的管理階層召開了一次全體會議，討論公司發現員工在參與度和快樂的最大障礙，就是從一分到五級的員工績效評估制度。一旦他們認識到這種評分方式對吸引和留住優秀人才的負面影響後，便取消該制度。即使是奇異公司（GE），這家採行員工排名、並淘汰倒數十％員工的先驅者，基本上也廢除了這個過時的做法。

美國前總統老羅斯福曾說過：「比較是個小偷，它會偷走你的快樂。」如果我們真的想提升他人，就必須停止比較。

策略二：看見優點，比找出缺點更有意義

二〇一六年年底，我跟公主遊輪簽了一份協議；他們邀請我登船，研究員工的投入

度、積極性和快樂程度會如何影響乘客的體驗。顯然，唯一的方式就是搭上遊輪旅遊親自體驗。那次遊輪之旅恰巧碰到我母親的七十大壽，還有我爸媽結婚四十週年紀念日，所以，我最後帶了二十六個人一起「出差」。

我的家人對我的工作一向都很幫忙，他們很快開始進行各自關於「探索快樂」的研究任務。有些人會藉由手工巧克力和吃到飽的美食中探究快樂；一些更有雄心壯志的人，則專注在了解快樂何以會因我們所停靠的國家而異。比如，當時我兒子才兩歲，根據他每天午睡前三個小時縝密的研究後，他得出的結論是：貝里斯是最棒的國家，因為那裡有全世界「最多的卡車」。

與此同時，我跟船上全體工作人員見面，以便更深入了解影響他們投入度的因素，並了解他們如何為遊客提供服務。

在郵輪上的第二天，研究團隊的負責人帶著我和我妹妹，一起深入船艙，參觀員工的房間、餐廳和設施，並採訪三十位員工在船上的工作經驗。在每次的訪談中，我都會請他們告訴我在船上覺得最快樂的工作日是何時，還有為什麼他們會覺得那些日子特別美好。

我原以為大多數人會告訴我，他們覺得最棒的日子，是他們可以休假上岸去雨林探險，或是有一整個下午的空檔到泳池的甲板上輕鬆閒逛，又或是可以跟同事一起狂歡的某個夜晚。但讓我驚訝的是，每個人都告訴我，他們覺得最棒的日子，是從主管那裡獲得的讚美。我跟妹妹半信半疑地互看對方一眼，然後繼續追問更多的答案。但是當第八或第九個員工告訴我們，來自經理的讚美是他們工作中最棒的時刻，我們意識到一些重要的訊息。

想想，這些員工，大多是二十多歲的年輕人，他們身處一艘周遊世界的豪華遊輪，可以參觀他鄉異國的美景。然而，讓他們感到最積極、最有動力的時刻，並不是去探索或狂歡的時候，而是因為表現不錯而獲得主管稱讚的時刻。

當他們因為上司的肯定而受到鼓舞時，就更可能將這樣積極的能量傳遞給遊客，像是與遊客進行更友善且更有助益的互動，提供更有效率和更優質的服務，以及盡力讓遊客享受美好的假期。所以，要提升遊客體驗最有效的方式之一，就是確保主管能夠用心且頻繁地關注並表揚員工做得好的地方。

我們所說的話和所做的事，都在告訴大腦應該專注什麼。所以，如果你不主動尋找社交環境中值得讚美的事情，你的大腦就不會注意到這些正在發生的事。同樣地，我們關注的事物也會告訴大腦要重複什麼行為。正如歐普拉在《超級性靈星期天》裡訪問我時說的：「當你越讚美和慶祝生活，生活中就有越多值得慶賀的事。」

正如讚美會讓大腦專注於正面的行為，批評也會讓大腦專注於消極行為。既然我們專注的事物會被重複，那麼為何我們要關注錯誤，而不是聚焦在正確的事情上呢？這正是為什麼大多數的績效評估會降低績效的原因。太多主管在稱讚員工之前，會先強調對方的弱項或需要改進之處。從大腦的角度來看，這樣做是在告訴員工，主管根本不在乎他們的優點，而是他們的缺點；也不在乎他們的成長，而是他們的不足。因此大腦相信，他們的積極行為並不重要，而不重要的事就不會被重複。

這並不是說主管不應該提出誠實的回饋，或指出需要改進和成長之處。我們當然必須誠實面對需要克服的弱點並改進不足，但也要認識到，要做到這點，需要心理資源、力量和能量予以協助。讚美能提供這些資源，在我們努力改進和成長時給予動力。

有些管理人認為中性的回饋，也就是不明確批評也不明確讚美，比公開給予批評更好，但事實並非如此。不給予讚美不但浪費強化正向行為的機會；在缺乏讚美的情況下，大腦會直接轉向消極的一面，認為別人是在批評我們。當今最富創新精神的青年神經科學家布蘭特・傅爾（Brent Furl）解釋道，當我們感知到批評、拒絕和恐懼時，「身體會產生更高水平的神經化學物質，這些物質會關閉大腦的思考中心，並啟動保護機制。我們會變得更被動和敏感，感受到比實際更大的批判和否定。」

注意力會告訴大腦該重複什麼，因此，如果我們想要鼓勵優異的表現，就要每天練習把注意力放在卓越的事情上。我在生活中最有效的做法，也是我在每次演講都會建議的，就是每天早上（最多）花兩分鐘，寫一則簡訊或電子郵件，稱讚或感謝你生命中的人。在我所有積極的習慣中，這是最有效的。當你發現人際關係中值得讚揚的正面事例，這會讓你看到更多的正面之處，同時又為你提供更多值得讚美的事物。當我在公司演講提出這個建議時，經理人都說，每天早上發一封這樣簡單的電子郵件，會讓他們在接下來的一整天更留意團隊中值得讚美和肯定的事情。

所以，先暫停閱讀本書，來做這個實驗：寄封簡訊給在你手機裡的聯絡人，讚美或感謝他們所做的事。今後，試著每天選擇不一樣的人，做這樣的練習。你越讚美別人，讚美就越容易成為一種習慣。

策略三：表揚基層人員

過去十年來，我參加並發表演講的銷售會議有五百多場。沒錯，五百場。到目前為止，什麼千奇百怪的事我都見識過了。

在我的第一場演講，當我尷尬地走到台上時，立刻就被正對著我的噴霧機噴出的煙霧吞沒，背景音樂是震耳欲聾的〈歡迎來到叢林〉（*Welcome to the Jungle*）……然後我做了一個關於正念和「如何消除生活中的噪音」的演講（我沒開玩笑，是真的）。在另一場會議上，介紹我的那位領導人帶著大錘子猛搥舞台上的一堵「玻璃」牆（其實是透明的糖片做的），以顯示他們已經做好準備要「破除所有的銷售障礙」。前兩次敲擊都沒成功，第三次終於把牆砸碎了，糖屑四散飛濺到前幾排的座位，觀眾們以為是玻璃碎片飛到他們臉上而驚叫連連。還有一次，我是跟著一頭長角牛走上舞台的，我也不明白為什麼要這樣做。

我的重點是，儘管這些銷售會議似乎都充滿新奇的驚喜，但經歷五百場演講後，我也發現了一個不變的規律。

會議進行到某個階段，你便能準確預測到會有一些高階領導，甚至是執行長，會按照他們在商學院學到的方式，開始進行表揚。在會議進行的幾個星期前，他們要助理整理出創造收入最高、成交最多，或是業績最佳的員工名單。現在，他們就邀請這些贏家上台，說出這些人的成就和成功，跟這些人握手合影，然後請他們回貴賓席就座。與此同時，其他九十五%的員工則坐在座位上，通常在發簡訊，不然就是用手機瀏覽ESPN體育頻道。往好的方面想，他們覺得無聊或事不關己；但也可能是更糟糕的，他們心中感到失望或不以為然。

只肯定表現最出色員工這類的表揚方式，是對小潛力的讚美。「小潛力式」的讚美只關注已經身處成就頂端的個人，然後便止於此。而「大潛能式」的讚美則能照耀那些成就高績效的支援系統。在這個支援系統中，無論是同事、家人或朋友，都是你的「基石」。當你讚美這個基石，你就提升了整個基礎系統，繼而使整個系統變得更堅固。

我知道有些讀者可能會認為我是主張要給失敗團隊的每個成員都頒發獎盃，但我不是這個意思。「人人有獎」是不真誠的做法，而且研究顯示，如果給予虛假的讚美，結果只會適得其反，失去別人的信賴。我要說的是，**當我們稱讚勝利時，也要表彰那些讓**

勝利成真的幕後功臣。我並不是說不要讚美那些績效高的人，或是只讚美績效低的人，而是要將更多注意力轉移到助攻球員的身上，不是只讚美射門成功的球員，因為後者已經獲得了觀眾的歡呼和進球的興奮感。

在大多數公司裡，高績效員工已經因為更高的評分、更高的薪資或更高職位獲得了獎勵。所以，我們必須確保那些為團隊成功做出貢獻、但並不那麼顯眼的人也能得到獎勵。將光芒穩定地照射在基石上，它將會向上和向外反射，讓頂端更耀眼。

我們經常花費大量時間和精力在提升績效高的個人上，而忽略了團隊的集體士氣。西班牙的研究人員在〈感覺良好讓我們更強大：正面情緒如何透過團隊韌性增進團隊績效〉這篇期刊文章中，擴展了芭芭拉・佛雷德里克森（Barbara Fredrickson）對個體情緒的研究，轉而關注團隊的集體情緒狀態。他們發現，即使團隊裡有一、兩個積極的人，但如果整個群體缺乏韌性，那麼團隊整體和個人的表現都會下降。因為只獎勵最優秀的人難免會招致嫉妒、羨慕和病態的競爭，而這也會迅速破壞團隊韌性、士氣和信賴。

阿拉巴馬大學橄欖球隊的總教練尼克・薩班（Nick Saban），是史上最成功的教練之一，他在讚美上的做法有別於其他教練。薩班不像一般教練那樣，對個別球員大加讚賞；他也不會頒發紀念球給最有價值球員。據他解釋，單獨表揚某人有違提升整個團隊的目標。他知道，沒有任何一個橄欖球員能獨自贏得冠軍，就像任何高績效者無法獨力獲得成功一樣。他認為**集體的勝利應該得到集體的表揚**。

密蘇里大學前任足球教練蓋瑞・品克爾（Gary Pinkel）談到薩班時說：「他所做的事太瘋狂了，簡直是奇蹟。他可以招募到最好的球員，但他讓這些球員融入他的制度，並為團隊而戰，而不是為自己或任何人而戰，我認為這是他們總能在這些季後賽中表現如此出色的一個重要因素。」

軍隊也很擅長表揚之道。當我為了海軍預備軍官訓練團（ROTC）的獎學金參加訓練營時，他們不會單獨表揚最快的跑者或最好的步兵，畢竟在實際作戰的情況下，個人能跑多快並不重要；如果隊伍中有一個人落後，整個團隊都會陷入困境。因此在預備軍官訓練團中，如果有人無法翻過牆，所有人都要重來一次。若是整個團隊不能在指定時間抵達指定地點，大家都得罰跑步。如果一個人從充氣船上翻落水中，大家就翻船，讓每個人都落水。我們要不一起成功，要不就一起失敗。這是大潛能的核心思想，也是我們迫切需要在學校和公司裡採行的理念。

認為自己的成就，無論大小，都能憑一己之力完成的人，都是短視的。這也是為什麼當我獲得讚美時——例如收到一封感謝我的書改變他們人生的電子郵件，或是在演講後受到觀眾熱烈的鼓掌時——我總是會告訴我的團隊，「我們收到一封很棒的電子郵件」，或是「我們受邀到一個大型會議發表演講。」因為這些確實是我們一起辦到的。雖然書封上可能是掛我的名字，站上舞台的人也是我，但每本書的創作和每場演講中都有我團隊的努力。同樣的情況也適用於你。這不是謙虛，而是事實。

麥克・喬丹曾說：「天賦能使人贏球，但團隊合作與智慧才可贏得冠軍。」我們的讚美應該擴及周遭的支援者，而不僅是超級巨星。我們不該只讓表現最優異的人上台，而要邀請那些幫助他們獲得成功的人一起上台。此外，我們還應該讓表現頂尖者在台上感謝那些最佳的助攻者。

在學校和家庭裡，我們也必須意識到，當一個孩子表現出色時，我們也有機會藉此提升協助孩子成長的支援系統。比如，我們可以感謝坐在寒風中，為哥哥進球時加油打氣的弟弟；或是向教妹妹讀書的姊姊表達感激。當我們的孩子在學校的某個學科或主題上表現出色時，我們可以鼓勵孩子感謝老師為他們獲得成功所做出的貢獻。

在讚美基礎團隊隊員時，「具體」和「真誠」是關鍵。也就是說，你不應該只對基層員工說「謝謝你的幫忙」，而應該明確告訴他們，他們的工作如何直接促成了任務的成功。你不應該只感謝你的小兒子「支持哥哥」，而應該具體說明他如何讓哥哥感覺到被支持。你說明得越具體，讚美就越真誠，別人也就越可能將這份讚美回饋給其他人。

策略四：讓讚美普及

在《哈佛商業評論》的一篇文章中，我曾描述與一位《財富》百大企業領導人之間的對話，他告訴我：「我們不需要讚美和認可計畫；我們是用付薪水的方式讓員工投入工作。」這是不明智的領導人常有的觀念，他們認為「高薪＝高參與度」。諷刺的是，我認為公司是付他薪水讓員工能積極工作，這意味著，如果他不讚美員工，那就是失職。

一個優秀的領導人會讚美促成成功的人；而一個偉大的領導人不僅讚美他人，還會使別人也成為給予讚美的人。

在這個時代，許多人在工作中感到過勞，且未受到應有的重視，那麼如何將這種無力的狀態轉化為感受到激勵呢？記住，稜鏡需要多個表面來折射和反射光線。同樣的道理，也適用於我們在組織、學校和工作場所的讚美文化。我們必須讓每個人，不論他們的職位高低，都能參與到讚美的光芒中，而不僅是等待讚美從上而下傳遞。換句話說，我們需要讓讚美普及化。這就像是通往大潛力之路的兩種方式的結合：我們必須擴展自身的力量來強化他人，也需要讓人們成為能提供讚美的人。

我參與的兩項新研究，正在為互聯網時代，如何讓讚美能普及的新解決之道鋪路。這個研究的想法源於二〇一五年我與亞當・格蘭特、阿瑞安娜・赫芬頓和羅伯洛一起參加WorkHuman會議時。雖然他們是來自不同領域的專家，但大家都有共同的想法：我們需要找到有效且能推廣的辦法，來培養積極並投入的團隊。

具體來說，我希望能找到利用科技來實現讚美和肯定，進而對業務成果有正面的影響。於是，我與Globoforce合作，他們設計了一個工具，讓全公司員工可以在企業內的社交平台上，公開分享對同事的肯定、讚揚與感謝，讓每個人都能即時看見並效法彼此的成功。

我們一開始是跟捷藍航空合作測試這個工具。儘管捷藍已連續十一年被J.D. Power市場資訊公司評為顧客滿意度最高的廉航公司，但近期因為快速擴張，公司在維持積極的服務文化方面遇到了瓶頸，員工的投入度也有所下降。該公司希望回歸團隊合作、關懷和文化的核心價值，並認識到為了做到這一點，他們必須把讚美放在首位。

因此，Globoforce為捷藍設計了一個「同儕互相表揚」的系統，透過這個程式，任何「機組人員」（這是他們對員工的稱呼）都能提名一位同事，讚揚對方卓越的努力或表現。被表揚的員工還可以獲得「積分」，這很像信用卡點數或飛行常客里程數，他們可以用積分兌換知名餐廳的餐券，或是累積積分兌換如休假或遊輪等更大的獎品。

這個做法是要讓讚美在整個公司內普及化，無論每個人的角色或職位為何，都可以讚美他人，也可以被他人讚美。

該方案的成績斐然，員工成效和積極性顯著提高，顧客忠誠度也有所增長。具體來說，每增加十%的表揚次數，捷藍的員工留用率就提高三%，積極性提高二%。同時Symantec所做的外部評估也發現，捷藍的整體積極性分數提高十四%。有鑑於人員變動可能是公司面臨最昂貴的問題之一（替換員工的成本占薪資二十%到一百五十%不等），員工留用率三%的變化，對規模較大的公司來說，可能代表可以節省數千萬美元。

此外，捷藍的數據顯示，積極投入的機組人員「讓顧客感到驚喜」的可能性為其他人的三倍；在顧客的正面回饋中，被特別提及的機率則是原來的兩倍。因此，讓讚美普及化不僅跟員工的快樂相關，還能影響顧客的滿意度及忠誠度。

數位化的讚美系統並非冷冰冰、沒有人情味；它是個平台，能讓更多人成為「讚美的稜鏡」。它不僅讓我們能更大幅提升別人，而且因為這種表揚是自願的行為，而非由人事部門的計畫或績效評估所強行規定，因此它更像是自發性地表達感謝。同時，每個獲得肯定的人可以選擇自己喜歡的獎勵，因此最終他們能得到更個人化的獎賞，而不是什麼通用的、大量製造的獎牌，同時也能避免一些尷尬的狀況，像是吃素的人獲贈免費的牛排餐，或是視障員工收到iPod（這兩者都是錯用肯定方式的真實例子）。最後，這種有他人共同參與的表揚方式，不僅鼓舞受到肯定的員工，也激勵了看到這些成就被賞識和肯定的其他員工。

讓我澄清一下：我並不是建議要用表揚來代替應得的加薪；兩者應該合併使用。如果每家公司都能因員工表現良好而給予加薪，那是很理想的做法。但由於公司資金有限，且許多公司或許有其考量，因此，與其什麼都不做，不如用感謝和尊重來獎勵員工。而且研究顯示，讚美不僅能提升員工的滿意度，還增強了公司的帳本底線[15]，所以也能使公司財務狀況穩健，有助於加薪。

事實上，我跟LinkedIn合作進行的一項研究計畫顯示，讚美的投資回報率可能比我們預期的還要高。我們發現，獎金對員工積極性和人員變動比率的影響很小，但與讚美的頻率多寡卻大有關係。

如果有人在單季獲得三次或三次以上的讚美，他們在下一個評量季度的績效評分就會顯著提高。如果他們單季收到四次或超過四次的讚美，員工留任率會提高到九十六％。新進人員的留任率通常是八十％，若他們只得到一次讚美，該比率則不會有什麼變化；若他們獲得兩次表揚，留任率也大致相同；但若獲得三次或四次的讚美，留任率會提升至九十四％。有鑑於替換一名普通員工的成本可能約四萬美金，計算一下，每次短暫的表揚價值就高達一萬美金！這對我們在工作和在家庭生活中都是至關重要的提醒：重點不在於一次性的讚美時刻，而是我們放大了生活中全面讚美的能力。

然而，我認為最令人驚訝的是，我們發現了一個神奇的臨界點：**那些被讚美的人在獲得四次或更多次的讚美後，會變成主動給予讚美的人**。因此，你創造了一個良性循環，讓讚美不斷倍增。你甚至可能發掘到一個可以增強自己也提升他人能力的重要資源：隱藏的三十一%。

策略五：發現隱藏的樂觀者

如同前述，要建立一個讚美的良性循環，我們需要找到一種方法，讓更多人成為讚美的提供者。為了做到這點，我們需要激勵一群潛在的、本質上是積極正向的人。

在我跟同為正向心理研究員的太太蜜雪兒・吉倫，與《培訓》雜誌（*Training*）合作進行的跨產業研究中，發現高達三十一%的人表示，自己「在工作中是積極的，但並未表現出來。」在正向系統研究中，我們稱這些人為「隱藏的三十一%」，並認為他們

15 譯注：公司獲利能力的最後結果指標。

是擴大讚美影響力的關鍵。這些人距離成為工作中的積極倡導者只有一步之遙。他們已經是樂觀主義者；你只需要進一步激發他們。

自從發表這項研究後，經常有人問我跟蜜雪兒，是積極還是消極的人較能影響人際生態系統。研究結果顯示，答案是兩者皆非。真正有影響的是最能表達自己想法的人，不論他們是積極或消極。然而，大多數的人際系統裡都有占了三十一％的這樣一群人，他們積極參與且心態正向，但卻不表現出來，這意味著社會的話語權主要是掌握在那些更愛表達的消極人手中。因此，關鍵是要找到一種方法，將這群隱藏的三十一％從陰暗帶到光明中，讓他們的聲音被聽見。

首先，你得先找到這些隱藏的人在何處。你可以透過多種方法得到答案，包括正式的調查或隨興的對話等。比如，在一項研究中，我們會簡單地詢問人們：「在工作中，你表達自己樂觀態度的頻率有多高？請用一到五分來評分。」或者你可以問：「當你稱讚團隊成員的工作表現時，你的自在程度如何？請用一到五分來評分。」又或是：「當你感到樂觀時，你認為你的主管能夠接受、並支持你的這種樂觀情緒的程度有多大？」當人們表示自己很樂觀，卻沒有表達出來時，這些人就是可以輕易被改變的目標。優秀的管理者會把重點放在改變最消極的人身上。但與其全力以赴對抗最大的反對者，不如激勵這些隱藏的樂觀者，使公司文化從負面或中立，轉變為純然的積極正面。

要說我太太蜜雪兒的書，是過去兩千年來最好的兩本書之一，一點也不為過。（是的，我知道這是一種比較性的讚美）。身為她的丈夫，我與有榮焉；她在《散播快樂》（*Broadcasting Happiness*）一書中，描述了兩個激勵隱藏的三十一%的絕佳對策。

首先，你可以提供更多讚美來放大自己的「信號」。一旦你更積極讚美別人（無論是口頭的，還是僅在談話中微笑鼓勵），你就是在示範如何表達讚美，同時也將對話的氣氛轉向正面。（當然，你得確定自己是個理性的樂觀主義者，沒有跟現實脫節。）其次，在辨識出那隱藏的三十一%之後，可以建議他們以低成本的方式，嘗試表達自己的積極情緒。或許可以鼓勵他們發送表達祝賀的電子郵件，或是在你稱讚某人表現出色時讓他們參與對話。（比如，「鮑伯的報告真是精采，對吧？」）這樣，即使是內向的人，也能找到安全的方式來表達他們正面積極的感受。

要讓人們勇於表達想法或感受最好的方式，是讓他們知道自己並不孤單。如果你是個積極的人，但覺得周遭沒有同路人，那你大可以放心：因為在你工作環境中有三十一%的人，可能看起來不特別投入或積極，但其實他們是樂觀的，只是沒有表現出來而已。也就是說，跟你說話的人有三分之一看起來是中立或消極，但其實他們是樂天派。一旦你顯現能讓對方安心對你表達讚美和正面情緒時，你會很驚訝有許多人願意暢所欲言。

策略六：別只讚美成果，要用「讚美獲得成果」

每年，在哈佛開學的前一天，緊張又興奮的大一新生會齊聚在一年一度的活動博覽會上，他們在各個攤位間閒逛，想像能加入哪些有趣的社團、會獲准參加哪些獨一無二的社群，以及該參加哪些冠軍級的運動隊伍選拔。而且，布拉克爾教練（Coach Blocker）每年都會站在距離博覽會不遠的塞浮爾樓前，仔細端詳那些大一新生。

那天下午，剛成為新鮮人的我走過塞浮爾樓時，這位臉色紅潤的壯漢突然出現在我面前，抬起他結實的手臂，用手指著我說：「小子，你划過船嗎？你的身材非常適合划船。」

嗯，你可能會以為我對這樣的讚美持懷疑態度。我當時最多只有一百五十磅，甚至連大多數的鳥兒都會懷疑我如細枝般的雙腿能否支撐牠們的重量。但我沒去想這個人是否患有罕見的視力障礙，反而感覺像是神諭將人群分開，指著我說我就是「天選之人」。

我回答說自己從沒划過船，但這樣說還是客氣了。（實際上我連船也沒坐過，除非你把在韋科湖上的屋形船也算在內。）布拉克爾教練拍了拍我的肩膀，自信地說：「那好，小子，我會親自教你。你今晚八點到船塢來參加我的特別邀請聚會，屆時我將挑選新生划船隊的隊員。」

活動博覽會還沒結束，我就迫不及待地打電話給父母，驕傲地宣布我被招募加入新生划船隊。這也讓接下來的故事更加尷尬。當我晚上八點到達時，我發現自己置身於一間擠滿了一百多名新生的房間裡，所有人都跟我一樣，是來參加大一划船隊的甄選。聚會確實是邀請制的，但布拉克爾沒說，基本上他邀請了整個新生班的學生，而且他每年都這麼做。

易受影響的新生在渴望獲得關注和指導之際，他選出這些人並予以讚美。突然間，近百名無論體型是否適合划船的學生，都參加了這個聚會，選擇是擔任「右舷」或「左舷」的槳手——儘管大多數人根本分不出兩者的區別。

當然，很多學生連第一堂訓練課都撐不過去，還有更多人無法完成整個賽季。但重點是，布拉克爾給了他們嘗試的機會。有時，他會發現璞玉，例如就曾有個新生划船隊的成員，最終進入了世界知名的校隊。而且即使他沒有挑到適合的人選，但他的讚美，儘管猶如亂槍打鳥毫不挑選，卻幫助學生們相信自身的潛能，進而提高他們所能完成的上限。

（倘若你想知道我的划船故事後續如何了，讓我告訴你。我一直堅持到春天，直到我的船卡在一個繫泊點下，然後我們船上八個人中有六個人因為喝進太多查爾斯河的髒水而無法繼續比賽。但我很自豪自己曾划過船。）

當我們試著提升別人時，往往太過專注他們過去的成就或成果。但讚美也可以成為未來成就的燃料，使我們相信自己的潛能。換句話說，我們不僅需要讚美過去的成就和努力，也要讚美我們想在未來努力達成的目標。

有個辦法能實踐這個想法，那就是仿效布拉克爾教練的策略：給予別人一些能預示未來潛力的特質。比如說，「你會成為出色的領導人，因為你非常關心公司。」或是，

「你會成為划船隊的靈魂人物，因為你看來非常強壯有力。」撇開我的故事不談，這類讚美在真實的情況下效果更好。不過一般情況是，人們會把「愛公司」或「擁有運動員的體格」這類的稱讚跟自己的自我認同互相連結，進而強化能使自己成為更好的領導人、或成為划船隊隊員等所需的特質。

藉由提升別人並幫助他們看到自身的價值，我們可以將他們轉化為提升周遭眾人的光之稜鏡，這就是將大潛能付諸行動的力量。

第六章
遠離負能量的黑魔法防禦術：為自己撐把保護傘

我父親是神經科學家。所以正如任何神經科學家的兒子會做的那樣，我給我兒子看的第一部電影就是《腦筋急轉彎》。這部電影是由加州大學柏克萊分校的神經科學家達謝・凱爾特納（Dacher Keltner）擔任顧問，以巧妙且深刻的方式，將憤怒、恐懼、厭惡、悲傷和喜悅這五種情緒擬人化。這些情緒在爭奪一個名叫萊莉的女孩的大腦主導權，因為她要離開她的朋友們，搬到舊金山去。（我在聽凱爾特納的演講時，他說原本還想再加入敬畏和羞愧等其他角色，但皮克斯說五種情緒已經夠難處理了。）

我給李歐看這部電影的目的，是想幫助他了解為什麼自己會感受到不同的情緒，同時也讓他為這些情緒命名。身為一個典型的快樂學研究員，我特別興奮地向他介紹認識

「快樂」這個角色。

看過電影一星期後，我跟李歐去塔吉特百貨的玩具區「拜訪我們的朋友」（意思就是，我們在那裡閒逛了一會兒，但沒有買任何東西）。突然間，我看見一些《腦筋急轉彎》裡的絨毛玩偶，我興奮地喊道：「李歐，快看，是『快樂』！」他的眼睛睜得大大的，露出燦爛的笑容，然後激動地伸手去抓「快樂」旁邊的玩偶，並喊道「悲傷！」我心想，哦，不會吧！我再次熱切地指著「快樂」，但他絲毫不理會我，只是緊緊地抱住「悲傷」。我意識到這個時刻的珍貴，到貨架上拿了另一個「悲傷」。於是，一個快樂學研究員跟他兒子懷裡抱著「悲傷」，盤腿坐在百貨公司的地板上，待了五分鐘。

這個簡單的時刻，正好可以說明本書最重要且最深刻的一個課題：有別於大多數人的想法，諸如悲傷、恐懼和憤怒等負面情緒，其實並不會阻礙我們通往大潛能的道路。相反地，它們必要且有用。

我在演講中提過，幸福的相反不是「不幸福」，事實上，不幸福可以激發令人難以置信的正面改變：不幸福能提醒我，感到孤獨時要跟朋友聯絡；不幸福能告訴我，當我做了有違我核心價值觀的事情就得停下來；不幸福也會讓我明白，當工作與我的優先事項不一致時需要調整。快樂的相反不是悲傷，而是冷漠，它會讓人失去繼續追尋目標的動力。如果你不快樂，追求大潛能就會失去意義且徒勞無用。

我們都渴望生活在一個完美的世界裡，工作順遂，家庭和樂，每個人都同意我們的觀點，那麼我們將會感到非常快樂，並更加成功。但當這些情況不存在時，我們會感到沮喪。

對本書的讀者而言，可能面臨的最大障礙，就是當世界似乎在獎勵錯誤的事情，甚至是懲罰好人時，我們該如何相信自己仍有能力實現大潛能。約翰・梅爾（John Mayer）在歌曲中就表達過這種挫敗感：「現在我們發現一切都錯了／這個世界和領導它的人……／所以我們一直等待／等著這世界改變。」但如果我們一直等待，世界就永遠不會改變。

或許我們沒有能力控制世界，但我們確實能捍衛其中的美好。

當我們感到恐懼、憤怒或悲傷時，不必絕望。事實上，這些情緒至關重要。只有當它們失衡，也就是恐懼讓人癱瘓，憤怒轉成暴怒，悲傷變成絕望時，才會成為問題。關鍵在於我們要保護自己，抵禦那些將我們推向失衡邊緣的力量。

在第二章裡提到的故事中，當野狼在黃石公園裡復育後，水獺一定不高興，但事實證明，捕食性動物的威脅強化了整個生態系統。就像疫苗是藉由病毒進入我們的免疫系統，以保護身體免受疾病侵害；同樣地，將威脅帶進我們的潛能生態系統中，就好比接種疫苗以抵禦威脅。這兩個例子都說明了看似負面的力量，其實可以增強和改善我們的系統。

本章將探討如何將負面因素轉化為力量和韌性的來源，讓你能在時而失衡的世界裡茁壯成長。

護衛情緒與能量的防禦術

我在哈佛唸研究所時，大多數時間都待在咖啡館裡寫作、思考和跟朋友聊天。但當我想換個環境時，我會去學校不同的圖書館，從法學院到設計學院，每個圖書館都有不同的外觀和氛圍。

我開始注意到，每次去哈佛法學院圖書館唸書，離開時總會覺得沮喪、心煩而且精疲力竭，卻毫無緣由。究竟是什麼在哈佛法學院圖書館裡耗損我的能量和專注力，但在其他地方卻沒有這樣的影響呢？

很快地，我從跟一位研究生的談話中得到了答案。她在哈佛已經待了一段時間，對校園裡的學習場所頗有研究。她告訴我，懷德納圖書館是大多數本科生會去念書的地方，那裡「混合了年輕的樂觀和認真的工作，也比較沒有不適感」——換句話說，那是個能激勵將拖延的工作完成的好地方。至於神學院圖書館，她則形容「具有嚴肅但暗藏神啟的氛圍」，也就是說，適合在那裡進行宏觀主題的論文寫作。至於大學宿舍裡「絲滑而甜膩」的圖書館，適合發電子郵件或談情說愛。然而，法學院的圖書館則是「外表華麗，但口感酸楚，還帶有苦澀的餘味」，對於做任何事都毫無幫助。

她說的沒錯。法學院圖書館是全校最美的兩個圖書館之一，但去了幾次之後，我開始避之唯恐不及。箇中緣由將帶領我們回到大潛能研究的核心。

在第三章，我們了解大腦是如何為情緒和社會關係感染力所設計和運作的，在群體裡即使只有一個正面的人，也能「感染」周遭的人，使他們變積極。研究也顯示，我們可以像吸入二手菸一樣，吸收消極、壓力和冷漠。僅僅是觀察一個緊張焦慮的人，尤其是同事或家人，就會立即影響我們的神經系統，使我們的壓力荷爾蒙皮質醇水平提高二十六%。

此外，來自陌生人的二手壓力也同樣強烈；當受試者與陌生人一起觀看一個壓力事件的影片時，有二十四%的人會表現出壓力反應。此外，加州大學河濱分校的研究發現，若你看到有人很焦慮，且表現得十分明顯（不論對方是否有透過語言表達），你也很可能會體驗到同樣的情緒。還有研究顯示，即使是在被玻璃牆隔開的交易大廳裡，銀行行員也可以透過觀察顧客的肢體語言，感受到其恐慌。

而且不可思議的是，你甚至不需要看見或聽到某人，就能感受到他們的壓力；你還可以聞到它。新的研究顯示，壓力會產生特定的荷爾蒙，在我們出汗時釋放出來。而人類的嗅覺系統不僅能感知到這些荷爾蒙，還能檢測出它們是由低壓力或高壓力所引起。簡而言之，只要我們跟充滿負能量和壓力大的人相處，很快就會從具有動力和積極的狀態轉為煩躁和消極。

在極度競爭的哈佛大學裡，哈佛法學院更是競爭最激烈的院所，充滿了負面、焦慮、沮喪和壓力。我的同事莉絲・彼得森（Liz Peterson）在研究中發現，法學院新生在剛入學時的悲觀和憂鬱程度約為中等，但到了第四個月，則為全國平均水平的三倍。

此外，法學院學生與每週開趴或常參加社交活動的商學院學生不同，他們每年只參加兩次學校的社交活動，也因此導致更多的競爭和更少的人際連結。這就是為什麼，當你在圖書館，周遭書架上擺滿以優雅皮革裝禎的法律字典和案例法學書籍，即便你不必為了應付律師資格考試而K書，也能透過視覺與嗅覺感受到負面的影響，削減你的活力。如果不採取戰略性的防衛，光是跟那些充滿競爭力和壓力的人待在同一個環境裡，就會弱化我們的潛能。

我們幾乎每天都暴露在別人的情緒和行為中。我們在開放式的辦公室裡吸收同事的壓力能量。我們不斷接收新聞裡令人沮喪或焦慮的信息，或是社群媒體裡的惡意或負面評論。我們也能切身感受到在地鐵、公車和飛機上人們緊張急促的肢體語言。這些負面影響在現代社會是無可避免的。因此，除了盡量與樂觀積極的人相處之外，還要防禦環境中不可避免的負面影響。

在《社群網絡的隱藏力量》（*The Hidden Power of Social Networks*）一書中，作者羅伯．克洛斯（Rob Cross）和安德魯．帕克爾（Andrew Parker）指出，**大約九十%的工作焦慮是由五%的人引起的，那些人是能量吸血鬼。**

哈佛商學院的研究也顯示，一個有毒的人對整個團隊的負面影響，遠大於一個超級巨星的正面貢獻。這些有害的力量甚至會隱藏起來，無聲無息地滲透到我們的人際生態系統中。

這章的內容是黑魔法防禦術。任何哈利波特迷都知道，擁有能對抗邪惡力量的魔法是件超棒的事。雖然我無法保證能教會大家任何魔法，但我將提供五種策略，來防禦、解除和克服那些會威脅我們能量、創意、熱情和潛能的負能量：

策略一：建造護城河。
策略二：建立心靈堡壘。
策略三：學習心靈合氣道的技巧，借力使力。
策略四：拋開煩惱去度假。
策略五：明白何時要有韌性，何時又該放棄。

我不建議你同時嘗試每種策略，而是要先找到一種你覺得在工作或家庭能立即有效應用的策略。循序漸進地鍛鍊你的防禦力，等其中一種上手後再練習其他的方法。如果你只蓋半堵牆，敵人仍可以繞過牆入侵。

讓我們從第一個策略開始：在我們的日常生活中建造一條護城河，保護我們的情緒、樂觀和能量避免受到攻擊。

策略一：建造護城河

聖米歇爾山是全球的絕美勝景之一。我大學畢業後去巴黎學法文，雖然我沒把法文學好，倒成了饕客。有個週末，我去了聖米歇爾山島，日後電影《魔髮奇緣》（*Tangled*）裡的城堡和電玩《黑暗靈魂》（*Dark Souls*）的靈感都是來自島上的堡壘。

在百年戰爭期間，駐紮在島上的一小群士兵，成功擊退了遠比他們強大的英軍。這並不是因為他們戰術高明、計畫周密，或是運氣好，而是因為這座修道院及社區座落在一座「潮汐島」上，除了退潮的幾個小時外，其他時候這座島都被渾然天成的護城河所環繞。

這可不是一條淺小的護城河，河水在漲潮和退潮之間的水位差可達四十六英尺！每天漲潮時，水會淹沒通往島嶼的狹窄堤道，使敵軍無法進入城堡。也就是說，士兵不需要全天候抵禦英軍，他們只要在退潮時段集中兵力對抗攻擊即可。

這個潮汐護城河正是我對於日常生活中使用「護城河」的完美比喻。

我們生活在一個網路無國界的互聯網時代，然而，隨著取得連結與訊息的媒介增加，我們的幸福感卻在下降。這是因為我們現在隨時都可以輕鬆取得源源不絕的負面信息：從手機的新聞應用程式，到我們不斷滑動頁面的社群媒體，再到信箱裡的電子郵件，這些都是我們許多人上癮的源頭。

正向心理學的研究人員已經知道，負面訊息會立刻影響你的壓力程度。我跟蜜雪兒・吉倫與阿瑞安娜・赫芬頓合作進行的新研究，更證實了這些影響有多致命。我們發現，在早上只要看幾分鐘的負面新聞，就會影響一整天的心情。**早晨即使只看三分鐘的負面新聞的人，六到八小時後不快樂的機率就會增加了二十七％。**這就像每天早上吃一顆毒藥，讓你當天的努力、能量和人際互動都變得有毒。

研究顯示，負面情緒也會影響業績；在面對需要解決問題的工作時，消極的人更容易感到疲倦，更快放棄，也更容易出錯。此外，大量的負面新聞讓我們覺得世界是可怕的，在這個世界，我們的行為根本無足輕重，微不足道。不論是股市慘跌五百點，或是海嘯吞噬某座海濱城市，抑或是伊斯蘭國發動攻擊，我們都無能為力。在心理學中，這種認為自己在挑戰面前毫無招架之力的信念，稱為「習得性無助」，它與低績效和增加罹患憂鬱症的機率等情況有關。

而且負面訊息不僅來自傳統的新聞媒體，我們還會收到客戶傳來令人倍感壓力的電子郵件、以焦慮煩躁的口氣講電話的同事、開會時態度專橫跋扈的老闆，和臉書上傳遞悲觀情緒的朋友。社群媒體就像是二十四小時不斷放送的新聞頻道，而且它的內容即使不是負面的，也會讓我們感到沮喪或苦惱。比如，當你在辦公室辛苦工作時，看到朋友正在愉快度假的相片；或是你還在尋找真愛時，在社群媒體X看到朋友上傳的結婚喜訊。碰到這些情況，我們想為朋友感到高興，當我們心情好時，通常也能做到。但當我們心力不足，就容易受到諸如嫉妒、怨恨和憤慨等有害情緒的影響。這些威脅無處不在，所以我們需要方法來保衛自己的「城堡」。

有一個超級簡單的策略，就是為你的日常生活「建造護城河」。我推薦的方式是：

在吃完早餐前先不看任何媒體，躺在床上後也一樣。我所謂的「媒體」，是指新聞、電子郵件和社群媒體。這就像聖米歇爾山的潮汐護城河，會在你一天中最脆弱的時刻保護你。當你剛起床時，你的血糖低，還昏昏欲睡，處於半警醒狀態，因此你無法充分運用精力抵禦負面訊息的襲擊。晚上也是一樣，當大腦從白天的活動過渡到睡眠時，接觸負面新聞會讓你的大腦傾向恐懼或焦慮，令你難以入睡。

研究證實，無論是正面或是負面的訊息，睡前接觸它們都會喚醒大腦，平均每晚讓你少睡一小時。這也是為什麼國家睡眠基金會現在建議採取我所說的這種「媒體護城河」——也就是在睡前半小時要關閉所有的3C用品。在《美國醫學會兒科雜誌》發表的一項研究中指出，如果孩子在睡前接觸平板電腦或手機的亮光和聲音，會干擾生理時鐘，並且影響他們平靜入睡的能力。不幸的是，七十二%的六到十七歲孩子睡覺都會帶著手機。智慧型手機已經成為現代的泰迪熊，對孩子們的精力、注意力和學業成績造成巨大的影響。

護城河策略的好處在於，你只要幾秒鐘就能建造完成。一開始，你可能很難改掉醒來就看手機，還有拿著手機入睡的習慣。但相信我，你越嘗試，就越容易成功。透過行動，你可以養成好習慣，也可以戒掉壞習慣。

當然，建造護城河並不能讓負面影響消失，只能暫時隔絕它們，給你時間去建立自己的防禦工事。所以除了在日常生活中建造能屏蔽媒體的護城河之外，你還可以嘗試下面這四種經研究證實有效的簡單策略，藉此防禦無所不在的負面訊息。

一、**關閉提醒**

把警訊提示關掉一個星期，讓查看新聞成為你主動的選擇，而不是被手機發出的震動或嗶聲所奴役，同時也關掉手機或電子郵件的推播提示。即使傳來的不是負面新聞，但這些通知提示也會讓我們分心。

別害怕自己會錯過什麼，如果真有重要的事情發生，你很快就會得知的。

二、**遠離噪音干擾**

我們生活在一個嘈雜的世界。在這個充滿噪音的世界，我們很難專注於自己的人生。

我在《幸福原動力》（*Before Happiness*）一書中曾提到，正如你在飛機上會利用戴耳機來隔絕噪音一樣，你也可以透過冥想來消除大腦中喋喋不休的負面雜念。

或者，如果你在上班途中開車或搭車時聽音樂、廣播或Podcast，可以試著在通勤的前五分鐘關掉它們，給自己一段安靜的時間。當你重新打開廣播時，在每個節目中，至少把一段廣告轉成靜音。

三、會議排毒

無意義的會議是許多團隊和公司能量與生產力的黑洞。但我們如何得知哪些會議是需要消除的噪音，哪些又是確實富有成效且必要的？

你可以效法Dropbox的領導人，他們大膽嘗試，持續兩週取消召開定期會議。雖然他們知道這種做法不可能永遠堅持下去，但這段「排毒期」讓他們能客觀評估每個會議的價值，再決定是否有重新安排的必要。這好比戒糖一個月，先弄清楚你需要哪些類型的糖是身體需要的能量來源，哪些則應該避免食用。

在接下來的兩年裡，Dropbox會議的時間越來越短，而且許多員工認為這樣開會更有效率——儘管公司的員工人數增加了三倍。

四、創造自動過濾器，篩選負面新聞

約翰．斯蒂克斯（John Stix）是位加拿大的企業家，讓他致富的產業是電信業。他跟許多父母一樣，也為孩子在網路上會接觸到負面信息感到擔憂。然後他意識到，雖然科技是問題的根源，但它也能提供解決的方法。所以他利用自己在科技方面的專長，發明一種叫做「兒童無線上網器（KidsWifi）」的裝置。它看起來像是插在牆上的夜燈，但其實是個高科技路由器，能使用複雜的演算法，監控並過濾所有附近設備上不利於兒童的內容。

如果我們也有類似的工具來過濾負面新聞，就可以登入CNN網站，選擇我們想要的正負面新聞比例，而不必在充滿戰爭、天災和其他人類苦難的圖像及新聞中，透過不斷地篩選資訊才能獲得知識。我希望有閱讀本書的讀者能創造出這種發明！

策略二：建立心靈堡壘

二〇一六年六月十二日，一個被仇恨侵蝕的男子，把他的憤恨發洩在奧蘭多市的帕絲夜店上。這是美國史上死傷最慘重的大規模槍擊案之一。在暗夜時分，許多傷者湧入該市唯一的一級外傷中心——奧蘭多健康中心。

在這樣一個可怕的夜晚，足堪告慰的是奧蘭多健康中心的工作人員，已經對這類難以想像的意外事故預做準備。

這些醫生和護理師在許多悲劇和意外中磨練了他們的技能，並且擁有多年的專業教育背景做基礎，知道在危急狀況中該如何應對。他們制定了流暢的入院程序、避免不必要的錯誤步驟，以及保持醫療人員、病人和家屬之間能溝通暢通。但同樣重要的是，他們在心理和情緒上也都做好準備，因為他們接受過心理訓練，在面對巨大的壓力和悲傷時能保持平靜、專注工作，並抱持希望。

在槍擊案發生兩年前，奧蘭多健康中心的領導人為所有醫療人員和職員進行「正向習慣介入」的訓練。他們邀請我為全機構的員工，從護理人員到管理階層，進行兩場培訓。然後他們聘請「橘色青蛙」的培訓師，推廣我在本書第四章所描述的寓言故事的理念。因此，資深員工決定在進行會議時先不討論行政問題、資源不足或情緒壓力，而是從「感恩」開始這樣的心理訓練，建立心靈韌性的堡壘。

槍擊事件後，他們打電話告訴我，在經歷社區最嚴重悲劇的隔天早晨，他們勇敢地以感恩開始進行會議。他們感謝能夠提供傷者幫助，感謝全國各地湧入的愛心，感謝能有人給予鼓勵。在這個壓力、震驚和憂傷可能使他們分崩離析的時刻，感恩讓他們團結在一起。

我邀請高層員工拍攝一段影片，展示這些介入措施如何幫助他們在面臨悲劇時保持堅強，以及社區民眾如何給予支持，並幫助他們為團隊重寫這場槍擊事件所引發的心理敘事。你若造訪positiveresearch.com，就可以看到這段影片，並了解如何在順境和逆境中創造類似這樣有意義的敘事。

在軍隊中，堡壘是落敗方在情勢惡化時能撤退之處，是個防守嚴密且儲備充足的地方。打造心靈堡壘則是種能夠儲備心理資源的練習，讓你在面臨挑戰時可以休養生息、養精蓄銳。每天的感恩練習就是建造心靈堡壘的例子。

以下還有其他幾種方法，能讓你保護自己免於壓力、逆境或悲傷的影響。

一、每週選一天想三件好事

當我度過糟糕的一天，或感到特別沮喪、低落時，我會試著回想過去二十四小時內發生的三件好事。這個練習不僅能幫我的大腦重新開始正面思考，也能提供我在應對當下挑戰時所需的心理支持。

讓大腦為樂觀做好準備，不僅可以打造增強韌性的精神堡壘，新的研究還顯示，讓別人反思生命中的美好事物，也有助於他們提升工作效率。

劍橋大學的喬瑟夫・錢瑟勒（Joseph Chancellor）和加州大學河濱分校的克莉絲汀・雷佑斯（Kristin Layous）及索妮亞・柳波莫斯基（Sonja Lyubomirsky），在日本一家公司進行一項為期六週的研究：讓員工佩戴特製名牌，測量他們在工作日的活動和互動。結果發現，隨機被分配每週回顧三件正面事件的員工，不僅在六週後更快樂，活力明顯增加，完成工作的速度也更快，當然就能更早下班。

你可以跟家人或工作團隊一起試試這個方法。選一天——比如「感恩星期四」，讓回想過去一週發生的三件好事成為一種習慣。

二、用正能量開啟對話

研究顯示，對話中的第一句話常能預示結果，所以我們需要一些工具來幫助抵銷以憤怒、壓力或挑釁語氣開場的那些人所帶來的負面影響。

正如我太太在《散播快樂》一書中所建議的，你可以透過創造「強力引導」來截斷負面互動。例如，不要一拿起電話就說「我快忙死了！」或「這禮拜怎麼還沒結束，我實在受不了了！」而是先深呼吸，然後說：「很高興能跟你聊天」，或說：「很期待我們的合作。」

同樣地，當一個焦慮的同事對你做出充滿壓力的表情時，你不要以同樣的緊張情緒回應，而是用微笑或點頭表示理解。每當有人問「你好嗎？」時，試著忍住想抱怨的衝動，而是以正面的話語回應（只要你是發自內心的），如「今天一切都很順利」或是「天氣真好」。這個簡單的技巧能讓你在對方還未提到壓力、疲憊或期待下班這類的話題之際，就先將對方的基調轉為積極。

三、正念能提升生產力

最具前瞻性的公司願意冒險以實現卓越。我們曾跟一些勇於冒險的公司合作，他們願意進行高風險的財務投資——從接收資產不良的銀行，到對瀕臨倒閉的公司投入一億美金的避險基金。但這些充滿冒險精神的領導者，卻對於讓員工每天花兩分鐘專注於觀察呼吸的這項「投資」感到猶豫。在我跟蜜雪兒進行的九百多場演講中，只有兩次聽過有高層領導提到正念的好處。

「做得快一點，就會事半功倍。」這是短視、且只求規避風險的公司所採取的解決之道。但真正有前瞻性的領導人明白，讓員工慢下來，才是創造高效團隊的最佳策略之一。

安泰保險金融集團是率先在職場成功應用正向心理學的公司，他們推出一個培訓計畫，教導員工如何透過冥想和瑜伽來自我調整。參與該計畫的員工約有一萬五千位（超過公司員工總數的四分之一），結果顯示這些人每週平均增加了六十二分鐘的生產力，相當於公司每年每位員工的生產力增加了三千美元！

而且這個數字可能還低估了正念的底線價值，因為它並不包括對於員工流動率、重新聘僱與培訓員工的成本、客服品質，以及與客戶當面溝通等諸多層面的正面影響。我的好朋友海蒂・漢納（Heidi Hanna）是美國壓力研究所的負責人，她常說：「壓力是能量的信用卡；你最終會還清的，不過還得付利息。」對此，我還要補充：「正念是韌性的信用卡；你花的越多，最終的回報也會越多。」

研究顯示，一天僅數分鐘的正念訓練就能獲得顯著的效果。應用正向心理學研究中心的艾美・布蘭克森（也就是我妹妹）針對谷歌新進人員的一項有趣研究發現，參與每天冥想兩分鐘並寫下感恩日記的人，會比未參加的人更積極。

如果你覺得冥想令你望而生畏，先試著每天花兩分鐘，簡單地觀察呼吸的進出，並讓自己心無旁騖地感受當下。

策略三：學習心靈合氣道的技巧，借力使力

將壓力視為威脅，會大大提高它對身體的負面影響，並對我們的創造力、生產力和整體效率造成損害。但令人驚訝的是，壓力並非只會耗盡我們的潛能，事實上也能予以激發。

我們與史丹佛大學身心實驗室的艾莉雅・克拉姆（Alia Crum）以及耶魯大學情緒智能中心創辦人彼得・沙洛維（Peter Salovey）在瑞銀集團所做的一項研究發現，若領導人能在團隊中創造正面的壓力心態，將其視為挑戰而非威脅，參與者在接下來的三週內，負面的健康影響會下降八%，生產力也會相對提高八%。

我們能如何重新解構壓力？艾莉雅跟她的父親湯姆斯・克拉姆（Thomas Crum）開發了一項令人讚嘆的技巧。他們父女倆都精通合氣道，在這門武術中，不是試圖阻擋攻擊，而是利用對方的能量來引導其動能。他們將這套格鬥術轉化為心理防禦術，這項技巧的關鍵是不要嘗試阻斷或否定壓力，而是更積極地引導它。

你也可以在生活中應用心靈合氣道。為了將壓力的動能從使人疲弱無力轉為激勵奮發，首先要意識到，每個壓力源都蘊含著意義。

你是否注意過，那些做著無聊工作且不在乎工作乏味的人，似乎從來不會因為工作而感到壓力？你是否也曾希望自己就是其中之一？我猜你沒這樣想過。即便在最糟的情況下，有壓力也遠比散漫或無感來得好。事實上，根據我們在耶魯和瑞銀集團的研究發現，**當人們無法再找到意義時，壓力的負面影響會更大**。

我們只會對在乎的事情有壓力，所以，如果你開始對某事感到壓力，想想你為什麼會在乎，必要時就把答案寫下來，並把那張紙條貼在你的電腦螢幕或冰箱上，持續提醒自己。我記得在學生時代，當我的學習動力減弱時，我會提醒自己為什麼我在乎那門課程、成績和學習，然後我就會突然又充滿能量。你的大腦不喜歡浪費能量，如果它忘了某件事的價值或意義時，它就會停止將寶貴的能量投入其中。心靈合氣道就是要將那股能量引導到對你有意義的事情上。

一旦你重新與壓力的意義相互聯繫，你不僅能把優先事項放在首位，也會將這股能量以更具生產力的方式進行引導。例如，當你在百忙中抽空接送孩子去參加足球訓練或到牙醫診所看診時，會突然覺得這一切也沒那麼累了，因為你知道這是出於愛所做出的行為。

正如《輕鬆駕馭壓力》的作者凱莉・麥高尼格所言：「追逐意義比逃避不適更有益於健康。」在每個壓力源的背後都潛藏著你在乎的事物；你可以選擇與之抗爭，也可以利用它作為能量和動力的來源。

一、讓挑戰成為提升的力量

有不少領導跟我說，他們的公司正經歷重大變革和壓力，他們「知道」這將降低公司的效能、趕走頂尖人才，還會讓團隊分裂。遇到這種情況，我通常會告訴他們不妨想想軍隊。在那裡，壓力和不確定性是家常便飯，新兵的入職培訓方式可不是度假，而是必須經歷嚴格的訓練。即便如此，美國軍隊仍是全世界最有紀律、最堅定、最忠誠的群體。那是因為軍隊經過數個世紀的實踐，已經學會如果以正確的心態面對壓力，並且和同袍一起經歷壓力，就能創造意義深遠的故事和社交連結，讓你一輩子回味無窮。

軍隊文化不將壓力視為威脅，而是自從中衍生的共同韌性中獲得自信。這跟他們身為軍人無關；每個公司和團隊都可以將壓力視為盔甲，而不是大規模的殺傷性武器。

當我們獨自感受壓力時，它可能具有毀滅性。但是若將這股能量轉化成能讓其他人變得更好的力量，則可以減輕壓力的負面影響。兩年前，我跟HBO合作製作一支名為《運動風雲錄：退役人生》（*State of Play: Happiness*）的紀錄片，探討如何在高壓和難以談論正面情緒的環境下，，創造一個具有強韌的社會支持系統。

在紀錄片的前半段，我們研究了國家橄欖球聯盟，看看人們如何在競爭激烈、球員平均職業生涯只有三・三年，並且有高受傷風險的組織中創造幸福感，而且大家普遍都認為那些球員很能ㄍㄧㄥ，所以不該討論「情緒」這種問題。在影片的後半段，我們研究了海豹特種部隊，這是軍隊中最精銳的部隊之一，光是要勇於承認自己的情緒就讓人覺得不可思議了，而他們受傷的機率乃至死亡的風險都很高。在這兩個實例中，我們發現，他們非凡的團隊合作、投入和忠誠度的祕訣，不僅來自壓力本身，還在於他們共同克服壓力的努力。

例如，前紐約巨人隊的防守端史垂瀚告訴我，他表現最好的那年，是他決定專注在享受熱愛團隊，並支持隊友的出色表現，而不是擔心自己是否會受傷而被迫退役。在獲知海豹部隊和其他足聯球員類似的感悟後，我們明白了一個對於公司和組織都得以借鑑的經驗：我們需要幫助團隊將壓力視為群體挑戰，而非個人的負擔。

在紀錄片上映一年後，我訪問「仁人家園[16]」（Habitat for Humanity）的執行長喬納森・雷克福德（Jonathan Reckford），以瞭解如何建立並維護將挑戰視為激勵而非挫折的文化。他告訴我，每年有數以千計的人報名擔任義工，他們被該組織的使命感所感動，也渴望能改變世界，這種熱情跟從軍很類似。然而當那些義工發現有各種繁文縟節，或資源匱乏，又或碰到種種阻礙時，就會感到沮喪。他們開始覺得組織或體制阻礙他們的熱情，因此決定退出。

但是，有些義工並不認為資源匱乏會妨礙他們，反而認為那是能夠激發潛能的挑戰，繼而自問：我要如何充分利用這些有限的資源？我要如何避開那些制式規則和其他障礙？或是更積極地思考，要如何與這群志同道合的夥伴互相勉勵，一起面對這些挑戰，共同創造更美好的世界？雷克福德說，身為執行長，他的工作就是激勵和訓練領導人及其團隊去改變觀點，不要把壓力源當成打退堂鼓的理由，而是作為團隊合作及動力的燃料。

那麼，你可以如何在生活中應用這些原則？首先，當你發現自己處在一個充滿壓力或高風險的狀況時，問問自己：「誰跟我同在這場戰鬥中？」你總會找到能與你同舟共濟的人，不論是同事、同學，甚至是你不認識的人，但你能透過人際網絡或支持團體遇到他們。一旦你提醒自己，這份重擔不是你獨自承受，你是在挑戰自己去做能幫助他人

---

16 Habitat for Humanity，於一九七六年創立，為國際非營利房屋組織，以「世上人人得以安居」為理念，相信一個安全和可負擔的家園，能夠解決貧窮和跨代貧窮問題。

的事，而不僅是跟他們一起哀嘆。這樣做能將威脅轉化為強化同理心的機會，同時也能增強你支持系統裡的連結。

其次，注意你談論生活中壓力事件的方式。當你回家後，不要抱怨工作上的責任是令人厭煩、沮喪或難以招架等這些負面的感受，嘗試將它們視為建立新關係、學習新事物和提高潛能的機會。即使你一開始並沒有這樣想，但你使用的語言會逐漸影響你的態度和看法，甚至會影響周圍的人。

你是否注意過那些總是抱怨工作的父母，他們的孩子也會對練習或學校作業感到不耐煩？作為父母（或在工作場合），我們要以身作則，確保你的言行能幫助你的孩子、團隊，甚至是你自己，將挑戰視為值得接受的事物。

二、重新定義「失敗」

「心靈合氣道」是我們能定義失敗的另一種形式。

正如壓力一樣，許多人視失敗如瘟疫，避之唯恐不及。但事實上，如果以正確的態度面對，失敗也可以成為能量和動力的來源。

史丹佛大學的研究員卡蘿・杜維克（Carol Dweck）在一項創新的研究中，揭示了我們的心態如何能預測我們的潛力，特別是在成功和失敗方面。她發現如果孩童能將失敗視為成長的跳板（也就是「成長心態」），他們會更具韌性，不易氣餒，而且比那些認為失敗就代表自己缺乏聰明才智的孩子（也就是「固定心態」），更能堅持努力不懈。

而在另一項她跟凱拉・海默維茲（Kyla Haimovitz）合作的研究發現，這兩種心態其實是相互影響的，而且固定心態可能比成長心態更具「傳染力」。具體來說，若父母抱持「失敗是成功之母」的想法，孩子未必會有同樣的心態；但若父母抱持「失敗會讓人一蹶不振」的想法，孩子更可能接受這樣的觀點。

換句話說，當你學會將面對失敗視為人生必然的挑戰，不僅能捍衛自己的潛力，也可以保護周遭人的潛能。

留意負面錯覺

二〇一六年十月，我受邀到南加州一家銀行的度假會議上，在傍晚進行一場演講。

因為我知道許多銀行家來自紐約和芝加哥，他們的當地時間已經是夜晚時分，所以我盡力吸引他們的注意力——或至少保持清醒。

剛開始一切似乎都很順利，但演講快結束時，他們開始顯得心不在焉：有些人開始看手機，還有些人開始互相耳語……等。我不知道該如何解讀這些狀況。他們累了嗎？是我的演講太無聊而讓他們不感興趣嗎？還是他們對我的研究持懷疑態度，並小聲討論他們覺得有疑問的地方？那時，我極度缺乏自信且感到不安，於是決定以上三種原因都是對的。為了重新吸引他們的注意力，我將演講延長了十五分鐘，同時加入一些通常能引起觀眾共鳴的內容，但結果只是使他們更分心。

最後，我放棄了。感到挫敗的我垂頭喪氣地走回旅館，結果發現他們所有人都在大廳的酒吧看電視。原來，那天是世界大賽的第七場比賽，芝加哥小熊隊對上克里夫蘭印地安人隊，而克里夫蘭才剛在第八局追成平手。

我根本沒搞砸演講；他們只是想趕在比賽結束前見證這個棒球史上的重要時刻。我完全誤解情況，結果讓問題變嚴重——包括增加了自身的壓力。

我們容易過度關注自我，這是人性使然——我們會認為自己是造成問題的罪魁禍首，或認為自己是笑柄，又或是令某個群體分心的原因。但實際上，我們對於這些情況的解讀往往是「負面的錯覺」，是我們錯誤感知了根本不存在的威脅。

要留意你生活中的「負面錯覺」。也許在派對上你認為無禮的那個人其實只是害羞，或許你認為偷懶的那個同事是因為心情沮喪、或是在個人生活上遇到困難。當你發現自己在為別人的行為找最悲觀的解釋時，問問自己，有沒有可能事情跟你所想的完全不同。只要多想出另一種解釋的可能性，就能阻止自己陷入不斷反芻思考的深淵，並將心力轉至更有生產力的方向。

策略四：拋開煩惱去度假

我們從小就被告知，不應該逃避問題。但身為快樂與潛能的研究人員，我並不同意這個觀點。你當然應該「逃避」問題——至少要暫時抽離。站在第三者的角度看待自身問題，可能會幫助你獲得極具競爭力的優勢。

近兩年來，我跟美國旅遊協會合作，參與他們的新項目「安排計畫：好好休假去」，這是一項針對休假如何影響工作的深入研究。根據該協會調查，現今美國人休假的時間，比過去四十年都來得少，其中一個原因，是人們認為休假會影響主管對他們的看法，因而降低升遷或加薪的機會。但事實上，研究顯示結果恰好相反。**放特休假會改善主管對你的印象，並增加加薪或升遷的機會。根據我們的新研究，用完所有特休的人獲得升遷或加薪的機會，要比還剩下十一天或更多休假的人，高出六・五%。**

每十個員工就有四位表示，他們不願意休假，因為工作根本做不完。然而，根據美國旅遊協會的研究，休假的兩大好處之一，恰好就是提高生產力。此外，即使你不休假，還是有一大堆工作要做；但如果你先花點時間充電，你可以更快完成工作。

當大腦處於積極狀態時，生產力會提高三十一%，銷售額提高三十七%，創造力跟收入也會翻倍。一篇基於我十年的研究，刊載於《哈佛商業評論》的文章裡，我得出結論：「在現代經濟世界中，最具競爭力的優勢，是擁有積極且投入的大腦。」

但有個小問題。理論上，去海邊度假、到義大利鄉間旅遊，拜訪老友或親人，應該會讓大腦更快樂和正向，但事實未必如此。在上述文章中，我提到有個荷蘭的研究顯示，「普通的」假期不會讓人在度假回來後，就立即改善能量或提升快樂感。

但在後續一項針對全世界四百多位旅行者進行的研究中，我跟我太太發現，如果你以明智的方式安排假期，那麼有百分之九十四的度假確實能提升你的快樂程度和精力。具體來說，如果你是在下列的前提下去度假：

一、提前一個月做規劃，並讓你的同事也預做準備（這樣你就不會收到他們的緊急郵件）。

二、離開你居住的城市（越遠越好）。

三、找個熟悉當地的人，帶你認識那個地方。

四、出發前安排好所有旅遊細節（這樣你就不會因為臨時要找機票或住宿而焦慮）。

如果這樣說還不足以說服你，那麼想想休假基本上就代表立刻加薪！不需要研究來證明這點，這只是簡單的數學：如果你是領死薪水，卻不放帶薪假，你就等於是在額外的工作時間裡自願減薪。

所以，下次當你因為休假而感到內疚，認為這樣會被視為缺乏責任感，或覺得自己就是忙到無假可放時，提醒自己要科學地看待此事。

策略五：明白何時要有韌性，何時又該放棄

在《哈佛最受歡迎的快樂工作學》裡，我講述了一個我在大學時參加的一個實驗故事。

當年，為了賺取二十美元的酬勞，我自願參加麻省總醫院的一項研究，據說研究的目的是要了解老人是如何跌倒的。他們當然不能把老人帶進實驗室，要求他們不斷跌倒，所以就付錢請窮學生來做。

到了醫院後，對方要我把反光片貼在膝蓋和手肘上，並且在幾乎伸手不見五指的漆黑環境下，反覆來回行走於一條鋪有軟墊的走道上。每次沿著走道行走時，會有四種情況輪流發生：要不地板突然陷落，然後我就跌倒；要不地板會向右傾，然後我就跌倒；或是綁在我右腿上的繩子會被拉緊，然後我會跌倒。你看出這個規律了嗎？如果上述這些情況都沒發生，我還是得故意跌倒。（我想這是要模擬老人該怎麼做才能故意跌倒吧？）

如果我聽起來有些怨氣，是沒錯。在接下來三個小時裡，我在那條充滿凶險的走道上來回走了兩百次。研究助理曾多次走進實驗室，問我是否想停止實驗。我的確很想，但我還沒拿到我的二十美元，這對當時的我來說是一大筆錢，所以儘管我身上開始出現瘀青，我還是繼續堅持。

實驗結束後，教授和研究助理一起現身。教授告訴我，我被騙了。她說，這個實驗實際上是要測試在經濟利益驅使下的韌性。即使我在實驗的任何時候停止，也能拿到二十美元，但他們想知道我能堅持多久。結果，我是唯一笨到堅持整整三個小時的志願者。

我們常聽到關於堅持和毅力的重要性，而且確實也有大量研究顯示這些特質與表現與成功有關。但我在此重述這個故事，是因為我認為這個事件顯示堅持和毅力固然非常重要，但卻非總是最佳的行動方案。畢竟，我固執地堅持完成實驗，跌倒近兩百次，還浪費了三小時寶貴的時間，獲得的回報卻與跌倒一次就能回家的人一樣。在工作和生活中，當我們在某條道路上不斷跌倒時，與其拍拍身上的灰塵再試一次，或許更該自問：我們是否走錯了路？

我明白，這個建議或許跟你對一本提高潛能的書預期的內容相悖，但當我們在某個目標上堅持太久，可能會付出「犧牲實現其他目標」的代價。例如，在跌倒研究中堅持三個小時，我浪費可以用來學習的寶貴時間。同樣地，如果你不斷追著一個拒絕你的潛在客戶，你可能會錯過其他能獲得更多成果的會議。或者，繼續跟那個不願改變的負面對象約會，你可能就會錯過了一段積極的關係。還有，持續把你所有的創意、時間和精力投入到一份糟糕的工作中，你就是在消耗本可以用來尋找更好機會的精神資源。

有時，放棄的人反而會是贏家。防禦力、韌性和毅力很寶貴，但那只有在某種程度上才是如此。如果你已經嘗試了本章所有的策略，但情況依然沒有改善，那麼就是該轉換跑道、繼續前行的警訊了。

事實上，有些情況是無法改變的，不論我們擁有多麼強大的工具。如果你在工作中一直不受尊重和被低估，那麼你不需要更強的防禦力，你需要的是另一份工作。如果你處於一段受虐的關係中，你不需要接種抗壓疫苗，而是必須離開。如果你每天早上醒來，都明白你的工作沒有引領你走向更好的職涯目標，那麼你需要的不是休假，而是該換條路走。而且，別再拖了，立刻就去做。當你在人生中挖的壕溝越深，就越難從裡頭爬出來。

所以，保持樂觀固然很好，但如果你真的不快樂，而且也有改變的能力，那就別再逞強了。我現在說的人就是你嗎？誠實面對自己吧！與其堅持打一場注定飲恨的敗仗，何不選擇一場有勝算的戰役呢？

第七章

成為正能量的磁鐵：創造集體動力

布萊恩・歐康納（Brian O'Connor）是紐約州查帕闊鎮五年級的社會學老師。許多家長總是抱怨孩子看太多電視，但歐康納卻以令人驚訝的方式激勵學生——就讓他們看電視！

歐康納特別讓他的五年級學生看《CNN英雄》，這個節目是介紹來自各行各業的平凡人，如何為世界做出各種有意義的貢獻。每集節目結束後，歐康納會讓他的學生找出並寫下他們希望將來在生活中模仿的英雄特質。然後，他更進一步要孩子們親自寫信給這些英雄，感謝他們所展現的勇氣，並邀請他們參加班上舉辦的「Skype派對」，一起慶祝他們的貢獻。

起初，歐康納認為不會有任何英雄回應。但令人難以置信的是，七年後，他的教室牆上已貼滿了學生們跟這些傑出人物在Skype進行視訊通話時所拍攝的相片。

對歐康納來說，最高興的，是看到他的學生們在為這些英雄喝采時臉上所洋溢的喜悅。但更重要的是，當孩子們為那些英雄慶賀時，他們自己也在逐漸成為英雄，透過讓學生有個生動的願景，這些英雄也能激勵孩子們為自己打造有意義的未來。

一位普通的教師只能講述英雄的故事，而一位超凡的教師則能引領學生踏上英雄之路。

像歐康納這樣的老師，擁有一種特別的吸引力。

自然界中最神奇的物品，是一種叫做「鐵磁性金屬」的東西。在普通的金屬中，所有的電子都是以隨機的方式任意旋轉，因而會抵銷掉能量。但當磁力接觸到金屬時，少數電子便開始朝相同的方向旋轉。隨著有越來越多的電子朝同一個方向旋轉，就會有更多電子加入，因而增強了集體能量，這種情況將一塊普通的金屬轉變為一塊強力磁鐵。歐康納這樣的教師就如同這塊磁鐵；當他越積極引導正能量，就越能帶動他人前行。

在本章中，你將學習如何成為這樣的「磁鐵」，吸引別人靠近你，並幫助他們將能量引導至大潛能的方向。

保持動能，與人同行也同贏

牛頓的第一運動定律是：「運動中的物體會保持運動狀態。」如果這條定律成立，為什麼在職場環境中，我們卻很難保持前進的動力呢？一旦我們開始往目標前行時，動力不是應該就能讓我們輕易朝目標邁進嗎？

為了讓你明白結果不盡然是如此，想像一下你參加一場會議，在那裡你受到某個具有新想法、魅力十足的執行長，又或是個略顯笨拙的快樂學演講者所激勵。你離開會場時充滿能量，準備與你的團隊一起改變世界。然而當你重回辦公桌前，你開始感覺那股能量從你的身體和腦袋漸漸消失。很快地，你開始對工作再度感到厭倦，並完全忘了會議上曾讓你感到興奮的啟發。結果，沒有持續的動力推動你前行，你不僅無法維持在運動狀態，還朝相反方向退步。

問題不在於牛頓的定律不適用於職場，而是我沒有完整引用第一運動定律。真正的定律（除了工程師和安全檢查員之外，幾乎沒有人知道）應該是：運動中的物體會保持運動狀態，除非受到不平衡外力的作用。也就是說，如果沒有積極的力量驅使我們繼續前進，我們會因為生活中的摩擦和負面影響而減速。

現在想像你參加完同樣的會議回到辦公室，一位熱情的同事希望你告訴他你的會議心得。你興奮地告訴對方你學到的東西、新的想法，還有你與別人交流時聽到的精彩故事。突然間，你的大腦不僅在重溫當時的經歷，還將它們與當下聯繫起來，而且你還用了在會議上學到的知識啟發了另一個人。當你看到對方因為你剛剛說的一個新點子而眼睛都亮起來時，你可以感受到自己的能量是多麼具有感染力。突然間，你的能量和動力都倍增了。

波士頓大學物理系對牛頓第一定律的解釋，簡明扼要地闡述了這個現象：「力的作用可以是正向或負向：若力的分量[17]與物體位移的方向相同，那麼力就是在做正功。若力的分量與物移方向相反，則力就是在做負功。」

換句話說，如果沒有某種力量幫助你保持朝著目標前進的動力，慣性和外界會讓你減速。但當你被一股積極的力量牽引時，你能輕鬆獲得越來越多的能量和動力來推動自

17 譯注：力在某個特定方向上的效果或作用。

己前進，同時也會增加你帶動別人的力量。

一旦我們意識到眾人的能量是相互關連的，我們就會發現，你在自己的人際關係中創造越多正能量，就能釋放越多潛能。在本章中，我會介紹三種實用的方法，能引導集體能量朝你的目標前進：

策略一：創造「有意義的旅程」。
策略二：想像「成功」的虛擬實境。
策略三：歡慶勝利。

前面介紹過的四條路徑已灑下讓潛能成長的種子，但要維持這種成長，我們必須提醒自己，大潛能是一個不斷變化的目標，而非目的地。如果我們自滿，潛力就會減緩前行速度。本章會告訴你，如何透過創造積極動力的良性循環以保持進步，並不斷提升潛力的上限。

策略一：創造「有意義的旅程」

位於華盛頓特區以北六十二英里處的大衛營，歷來是世界領袖齊聚一堂，商討衝突、化解摩擦、匯集能量，以解決全球棘手與緊迫問題的場所，從白宮搭乘直升機到大衛營僅需二十五分鐘。

歷任總統對此地的使用方式與頻率各異。雷根總統看中它充滿大自然的寧靜，當他需要暫時遠離喧囂世界時，就會到那裡充電。卡特總統則選擇它作為以色列和埃及領袖進行為期十二天祕密和平會談的地方，最終簽署了著名的「大衛營協議」。也有總統幾乎不曾造訪，例如川普總統，他認為跟海湖莊園比起來，大衛營「太簡陋」了。而小布希總統則非常喜歡那裡，在他兩屆任內曾在大衛營待過四百八十七天。

歐巴馬總統是第一位邀請白宮幕僚到該處進行勵志演講和團隊活動的總統。正因如此，我在二〇一五年春天，接到白宮的電話，邀請我去發表演講時，讓我深感榮幸。

不知道為什麼，那天空軍一號和空軍二號都沒空來接我跟蜜雪兒，於是我們做了一個同樣光榮的選擇：租一輛堅實的（但接近總統等級的）本田喜美轎車（Honda

Civic）（蜜雪兒在我一再開玩笑說開車去大衛營是我們身為公民的責任時，一次也沒笑過）[18]。

如果你在谷歌地圖上搜尋大衛營，並按照指示走，你是找不到它的；網路上都故意給錯誤的路線。但我之前已經收到一封附有手繪地圖的影本。我不能再透露更多細節了，只能說，如果你真的找到正確的路，你可能會以為自己要被帶去處決。那條小徑蜿蜒約四分之一英里，沿途只標示著一個比一個嚇人的路標：「禁止進入」、「此處非道路」、「非法闖入者得判終身監禁」、「非法入侵者將被槍決」，最後是「你已非法進入軍事基地，得處以死刑」。接下來約一百英尺左右，有個小小的木牌，看起來像是不太有藝術天分的八歲小孩在美勞課做的作品，上頭寫著：「歡迎來到大衛營」。

在我們的喜美通過嚴格的安檢後，我們身上的「違禁品」（像是我的iPhone）被警衛室全副武裝的軍人沒收。

在我們的身分經過再三查證確認後，一輛標示著我們名牌的高爾夫球車開了過來，有位親切的軍人載我們到一座美麗的教堂。就在那裡，我懷著緊張的心情等待著，聆聽當天另一位演講者說話。這位講者是威廉・麥克雷文上將，他是負責「海王星之矛」行動的指揮官，該任務成功擊斃了賓拉登，此外，他還執行過數千次的任務。在如此重量級人士的開場後，輪到我發表演講，並在之後進行討論。正是那次的討論為本章奠定了核心。

當時在大衛營教堂裡的聽眾，從最資深的幕僚到基層員工，他們都只是臨時雇員。也就是說，與我過去大部分的演講不同，在座的每位聽眾都知道，無論選舉結果為何，他們的工作都將告一段落。他們要如何保持動力到最後一刻，而不是在焦慮中將精力轉向下一步的計畫，這成為他們的挑戰。

我看得出來，對他們許多人來說，要保持積極和專注確實已變得困難。所以一開始，我試著提醒他們，能做這份工作有多了不起。我告訴他們，他們在打電話時可以說：「我是白宮的鮑伯。」我也提醒他們，能夠在賓夕法尼亞大道一六〇〇號工作，實現自己的夢想是多麼幸運。可惜，這種激勵的方式，反應並不熱烈。

隨後一位工作人員提到，其實他們所有人都會羨慕地看著在傍晚五、六點下班的普

---

18 譯注：civic 有「公民」之意。

通「老百姓」，在天氣暖和的時候到史密森尼博物館間的國家廣場上玩耍，而他們卻最快九點才能下班，第二天早上六點又得回來上班。還有一位幕僚指出，身處各種壓力、繁重工作和政治內鬥中，她的工作似乎不再那麼令人嚮往了。看來，即使是在白宮工作，你也會失去熱情。

但接下來，我有了意外的發現。當我問聽眾，有什麼還能點燃他們理想的火花時，一位幕僚舉手說，她非常喜歡帶朋友或學生青年參觀白宮。她描述了每次她帶人參觀，指出宏偉的總統肖像，走過充滿活力的走廊，介紹曾簽訂歷史性條約的典雅會議室時，她對工作的熱愛就會重新浮現。

她的發言，彷彿讓她的雙眼從壓抑的日常中重新睜開。她一說完，教堂的氣氛隨即轉變，大家紛紛點頭表示認同，並分享自己如何透過導覽白宮重拾對工作的熱情。

為什麼？

因為這種「有意義的導覽」，讓他們與工作的意義重新產生連結。看到訪客眼中的興奮和驚奇，就提醒他們能在那裡工作是多麼不可思議的特權。

或許你很難相信，這些極具潛力的人竟會從進行步行導覽這樣乏味[19]的事情上獲得能量和樂趣。畢竟，這些人是授勳的將軍、擁有國安最高級別的工作人員，以及最有權勢的高級顧問，他們的日常職責要比帶領賓客參觀白宮重要得多。身負這樣重責大任的人，怎會忘記自己工作的意義呢？因為，如果沒有外力作用，運動中的物體或人將無法繼續保持運動。

我們大多數人都不在像白宮那樣高風險的環境中工作，但我們都有各種壓力，會消耗我們的能量。不論在工作或在家中，我們都很容易過度專注日常必須完成的任務，而忘記有孩子需要接送其實是幸福的事，有房子要打掃是種特權，有工作要通勤是件值得珍惜的事。我不是在淡化這些責任帶來的壓力，而是想指出，**當我們職責越多，就越需要在其中找到意義。意義就是那股能推動我們不斷前進的「不平衡力量」，尤其是在忙碌和壓力大的時候。**而「意義之旅」能幫助我們維持這種動力，將我們與工作中的意義連結起來，或重新建立聯繫。

你不需要在國家政府或你公司的高層工作，才能從「意義之旅」中受益，關鍵是要

19 譯注：pedestrian 原為行人或步行者，亦可指乏善可陳。作者表示在此有意一語雙關。

將你的「責任之旅」（tours of duty）轉化為「意義之旅」。

當別人問你做什麼工作時，我們多半會從「職責」的角度回答：我是審計員，我負責檢查稅單上的問題；我是個研究員，我尋找統計模式；我是個火車售票員，我只負責收車費……等。當你這樣說時，不但讓別人覺得無聊，也會讓自己的大腦感到乏味。誰會想去做一份「僅僅是」某某的工作呢？正如耶魯大學研究員艾美．瑞斯尼斯基所指出的，**你的投入、成功、精力，乃至你的潛能，都取決於你是否認為你的職業「只是一份工作」或僅是一種賺錢的方式，又或者是「使命」，即你能否在工作中找到意義。**

我希望你能重寫當別人在雞尾酒會上問你是做什麼時的答案。不要再說你每天的職責所在，而是談論你工作中更大的意義。如果你是律師，你的工作不僅是寫律師函和向客戶收費，而是在幫助家庭尋找正義或維護法律。如果你是老師，你不僅僅是在批改作業，而是在幫助培養下一代的父母和領袖。如果你是清潔工，你不僅是在打掃街道和公園，你是在保護地球，讓未來的世代有機會接近大自然。

我見過重新連結意義的最好方式，是創造一個「視覺敘事」。比如，邀請你的團隊成員或家人寄給你他們過去一年中最有意義時刻的相片，然後讓它們永存在實體或網路相簿裡。這樣做不僅能為你和你的團隊提供能量，還會留下永久的「有意義的紀念品」，當你感到能量耗盡時，可以作為隨時取用的燃料來源。義大利詩人凱撒・帕維澤（Cesare Pavese）曾寫道：「我們不記得每天的生活，但我們會記住瞬間。」對此，我還要補充一點：你越常重溫那些有意義的瞬間，從中獲得的價值就越大。此外，透過讓他人參加「意義之旅」，你可以使這趟旅程成為集體動力和能量的來源。

薩波斯（Zappos）這家公司就找到產生集體動力的好策略。我曾受邀參加這家網路鞋類和服裝店的全體員工會議，當我在機場降落時，一位當天負責全程接待我的客服中心員工前來接我（看來那天空軍一號跟二號也很忙）。

薩波斯邀請世界各地的企業領袖參觀他們的辦公室，以了解薩波斯的文化魅力。然而，雖然這些領導人獲得了關於如何創造積極公司文化的寶貴經驗，但這個傳統的真正價值其實是屬於薩波斯員工的「意義之旅」。就像白宮的幕僚一樣，當薩波斯員工看到世上重要的企業領袖經過他們的客服中心，讚嘆他們的效率，被積極的工作能量感染，或詢問如何在自己的公司複製薩波斯經驗時，都在在提醒這些員工，自己能在這樣一個擁有如此出色文化的地方工作是多麼幸運。

當我們深陷在忙亂的生活中時，別人往往更容易看出我們生命的意義。所以，號召一些「意義創造者」可以幫助你看清自己所忽視的事。

例如，我兩歲的兒子現在對研究或科學沒什麼興趣，但他很喜歡垃圾車，而我愛他。所以每星期有兩次，我們會在清晨出門，站在巷口，期待能見到他的偶像。當我們看見清潔隊員走來，他會著迷地看著他們打開一桶又一桶臭氣熏天的垃圾桶。

起初，清潔隊員只是一如往常地忙著工作，但當他們注意到李歐充滿崇拜的眼神時，你能看到他們的微笑。突然間，他們開始更賣力和迅速地工作，而且會經常停在我們面前把垃圾壓緊，只為了讓小粉絲發出高聲歡呼。我想，這股額外的能量會一直陪著他們，當他們轉進另一條街道，甚至當他們回家與孩子相處時也是如此。

如果缺乏平衡的力量，運動中的人或物體就無法持續保持運動。但光靠能量也不足以推動我們邁向更大的潛能。若想維持動力，我們還需要一個明確的方向。即便它會帶你到意想不到的地方，去尋找持久的意義……像是拉斯維加斯。

策略二：想像「成功」的虛擬實境

人們說：「發生在拉斯維加斯的事情，就該讓它留在那裡。[20]」但我希望這也有例外狀況，否則公司選擇在那裡舉辦學習或激勵員工的會議是很奇怪的。

我曾經參加過一次會議，聽到一位執行長試圖用模糊的陳腔濫調來激勵三千名員工（這樣做其實是給了大家查看電子郵件的機會），會場死氣沉沉，每個人的大腦都關機、放空了。

然後，一位並不是非常重要的高階主管有十五分鐘簡短的發言機會。幾乎是立刻地，會場的氛圍開始改變。這位看起來相當普通的高管描述了自己如何與公司內不同的部門合作，並制定出在未來六個月內會實行的五項計畫，這些內容與之前執行長提到「利潤可能激增」的空泛演講形成了強烈的對比。

對於每項計畫，他都詳述了成功的具體模樣：一旦我們推出X技術，它將如何影響

20 譯注：原是賭城觀光局的宣傳文案。意指很多觀光客到拉斯維加斯遊玩，在五光十色的眩惑之下，可能會做出連自己都意想不到的瘋狂事。不過，回去之後，一切回復正常，賭城之旅恍如一夢。

你的工作流程，這些具體的改善又會是什麼。透過使用Y策略，我們預計這些城市將會出現這種成長，然後會刊登在某些類型的出版物上，進而提升這些特定類別的銷售額。當我們成功後，與驚喜的顧客互動會是什麼樣的感覺，這些人會在社交媒體上發表怎樣的評論來稱讚你和我們的公司。

他的演說內容充滿了吸引力。雖然我不是那家公司的一員，但我可以在腦海中生動地想像，如果我是員工，這些改變將如何提高我的參與感、表現和結果。

儘管這位經理必須以極快的速度說明，以便在十五分鐘內闡述所有的細節，但他講解完後掌聲如雷。當天晚上，我去參加雞尾酒會。執行長身邊只有寥寥幾人，我很容易就能跟他打招呼，但我完全無法接近那位高階主管，他被一群熱情的同事包圍著，大家都想和他握手，告訴對方他的演講是多麼鼓舞人心。

在這個社交媒體經常會過度指責的時代，一些公司於是驚慌地轉向僱用擅長使用政治手段的執行長。這類型的人在發表意見時刻意含糊不清，言之無物，既無法引發爭議，但也無法讓人反對。然而，這樣的管理者無法激發任何能量、動力或方向。但那位深受歡迎的經理顯然明白，魔力就在細節中——空泛的激勵和長期可持續的動力之間的差異，始於幫助人們具體想像「更美好未來」的模樣。

如果你是一個務實的人，可能會對「視覺化」的力量感到懷疑。確實，有很多人認為所謂的「可視化成功」，往往只是一種以懶惰替代付諸行動來實現成功的取巧法。然而，視覺化遠不止於此。大量研究證實，心理意象能明顯影響我們的行為。

牛津和劍橋大學發表的新研究就指出，**當你能生動想像出美好未來的細節時，這將大大提升你的能量和動力，進而促使你採取有建設性的行動。當我們的大腦能具體描繪未來的模樣時，它便會自動朝我們所設想的方向前進。**

這主要是因為當我們能越生動地想像某事時，它就越容易實現。高爾夫球傳奇傑克・尼克勞斯（Jack Nicklaus）在《尼克勞斯高爾夫經典教程》（*Golf My Way*）一書中，以細緻入微的方式描述了他的心理遊戲。請注意他的想像力有多生動。他並不是簡單地說「我想像球進洞了」，而是寫道：

> 每次我擊球前，即便只是練習，都一定會在腦海中想像一個非常清晰且聚焦的畫面。就像一部彩色電影。首先，我看到球停在我想要它停下來的位置，它潔白無

瑕地高高座落在明亮的綠色草地上。然後場景快速切換，我會「看見」球飛向那裡的路徑、軌跡和形狀，甚至它落地後的姿態。接著鏡頭漸漸淡出，然後我會「看到」自己做出能夠實現這個畫面的揮桿動作。只有在這段短暫的、祕密的、好萊塢式的影片結束後，我才會挑支球桿並走向球。

同樣地，我發現有演講恐懼症的人如果能從第三者的角度（比如從聽眾的視角），生動想像著自己自信的表現時，焦慮感會明顯降低，最終的表現會更自信且出色。

這些就是我們所說的「感知模擬」，該方法的效果還未完全展現出來。比如，我正在與德州大學達拉斯分校的大腦健康中心合作，探討如何運用虛擬實境來幫助患有創傷後壓力症候群的軍人，或是自閉症，又或是有學習障礙的學生。根據賽門・布萊克威爾（Simon Blackwell）及其團隊的研究發現，透過增強我們對於美好未來的心理意象，不僅能提升人們的樂觀程度，還有助於情緒和身體的健康。我們相信，運用虛擬實境模擬正面的社交互動或環境，大腦確實能學會建構充滿希望的未來圖像。

其次，紐約大學研究員塔莉・沙羅特（Tali Sharot）和同事發表在《自然》雜誌上的研究表示，當我們的想像越具體，就越能在神經層面感受到未來狀態的特定情緒。比如，當我們想像獲得升遷的快樂時，當下確實就能「預先體驗」那份喜悅。這反過來又為我們提供實現未來所需的動力和方向。生動的圖像就像磁鐵，能吸引我們走向更好的未來。

正是這種生動的想像改變了行為。例如，在二〇〇四年美國總統大選的前一天，研究人員進行一份調查，他們鼓勵人們從第三者或俯瞰的角度，生動地想像自己投票的行動。這個理論的根據是，如果人們能夠「看見」自己走進投票站、圈選選票等，就更有可能去投票。結果，隔天那些想像自己投票的人，確實比對照組更踴躍前往投票。

更不可思議的是，著名的克里夫蘭醫療中心研究指出，僅僅是想像健康的行為（像是運動）也能產生類似實際行為的效果。研究中有兩組人士，一組是每週去健身房運動數小時的人，另一組是花同樣時間在大腦中進行「虛擬健身」的人。實際去健身房的人肌肉增加了三十％。但令人驚訝的是，那些只有在意念中健身的人，肌肉仍然增加了十三・五％，而且這個結果持續了三個月。顯然，在可視化方面，我們的大腦潛能尚未被充分發掘。

一、與其彩排悲劇，不如預想成功

記得大學的時候，我喜歡的那個女孩跟我分手時，身為神經科學家的父親盡他所能地安慰我，他說：「兒子啊，你只不過是腦中有數十億個神經元指錯了方向。」這是我分手後聽過最奇怪的一句話，但現在我明白他的意思了。我當時已經太會想像我的前女友和她的新男友在一起的畫面——他們在浪漫餐廳的角落裡彼此依偎，熱情地擁吻，或在百貨公司裡採購物品，準備享受他們幸福的居家生活，以至於我的大腦開始相信這個版本的未來是真的（但其實不是）。

正如正向的視覺化會幫助我們將能量導向積極的結果，負面的想像會使我們陷入恐懼，妨礙前行。因此，與其彩排悲劇，何不試著彩排成功呢？這就是為什麼演講者兼作家布芮尼・布朗勸誡聽眾不要「彩排悲劇」，她將此描述為：在大腦中經歷了假想的未來悲劇，就好像這件事真的發生了一樣。

不論正面或負面的事，想像得越生動，感受就越真實。研究也顯示，感受越真實，就越有可能影響我們的行為。唯有當我們明白這一點，才能走出惡性循環。

二、讓空想變實際

任何優秀的網球選手，或甚至像我這種十足平庸的玩家，都知道贏球的關鍵首先是要想像球將飛往何處，確保拍子要與球保持良好的接觸角度，然後完成整個揮拍動作。

但有太多的領導者，包括我在賭城見到的那位執行長，對於想要帶領公司或團隊走向何方只有模糊的想像。因此他們無法與員工建立情感上的聯繫，也無法激勵他們，最終也沒有堅持到底，因為他們認為自己已經失敗了。若領導人只是簡單地說「未來是光明的」，卻沒有提供任何細節，他們就很難在情感上打動團隊成員。

正如管理大師彼得・聖吉（Peter Senge）早在一九九〇年所寫，「缺乏系統思維的願景，最終只是在描繪未來美好的畫面，而沒有對從此處到達彼岸必須掌握的力量有深入的了解……但系統思維需要建立共同願景、心智模式、團隊學習和自我超越等，以實現其潛能。」

如果希望人們對於我們引導他們前行的方向深感期待，同樣也需要提升他們對正面世界的集體願景。比如，一位經理可以嘗試描述在實施新的客服訓練後，員工將會收到感激的客戶寄來充滿熱情、大力讚揚的電子郵件；一位非營利組織的領導人可以展示受惠者微笑的照片，同時描述新募款提議的潛在影響；或者一位教練可以對描述當球隊從連敗中逆襲贏得季後賽時，觀眾席上歡聲雷動的情景。

這對於父母而言也同樣適用。如果你只是簡單地告訴孩子：「想想如果你在學校表現出色，你會感到多自豪。」或「想像你考上大學時會有多開心。」這樣是無法激勵孩子努力的。倒不如為孩子描繪一幅生動的畫面：在高中畢業典禮上，他們站在台上成為畢業生代表致詞，或在校園商店購買印有他們新大學校徽的第一件運動衣，在十月穿著它坐在圖書館外的長凳上讀書。我們需要幫助孩子真正想像那個未來是多麼有可能實現。

我曾在米蘭的一場演講前，與來自賓州大學的正向心理學之父馬丁・塞利格曼（Martin Seligman）和《選擇的弔詭》（*The Paradox of Choice*）一書的作者貝瑞・史瓦茲（Barry Schwartz）共進晚餐。在閒談中，塞利格曼博士說了一句睿智的話：「行動不是由過去驅動，而是被未來牽引。」老實說，當時我並不太贊同他的話，但現在我明白他的意思了。我們的確會受到未來生動的圖像所吸引。

能生動想像未來最有效且經過廣泛研究的方法之一，就是把它寫下來。有意識地撰寫你對於某個事件的敘述（不論是過去或未來的事件），這樣做可以引導我們的能量朝那個方向前進。

在一項研究中，研究員蘿拉・金（Laura King）發現，當人們寫下他們可能成為的「最好的自己」時，也就是他們渴望成為、並認為可以成為的樣子時，他們的健康和幸福感都會顯著改善。

這些技巧不只有助於我們在短期內受益，對我們設想積極的未來也有持久的影響。在一項針對憂鬱症患者的研究中，不僅越來越生動的想像能提升樂觀程度、減輕憂鬱，這些效果還能維持整整七個月。

這個發現至關重要。在我寫這段話時，正值一場動盪的政治選戰過後，雙方都聲稱如果對方勝出後，除了災難之外，他們無法想像未來的四到八年間會發生什麼事。雖然這種心態可以理解，但這種觀點剝奪了我們的能量，而且會讓我們害怕事情更可能發生。只有當我們能真正看見自己克服了面臨的挑戰時，我們才能持續努力去創造一個更美好的世界。

策略三：歡慶勝利

今天稍早在寫作的休息空檔，我決定在家附近散個步，讓頭腦放鬆一下。我經過一戶人家，庭院掛著海報和氣球，還有人在一輛汽車車窗上用鞋油寫著「祝你在區賽中勝利！」旁邊有足球圖案和一些鼓勵的話語。我看著不禁笑了，這情景讓我回想起高中時橄欖球隊的日子。更正確地說，是我沉迷於追《勝利之光[21]》電視劇的日子。

無論我們是學校的明星四分衛，還是週五晚上在家看電視的一般觀眾，高中都是一段充滿挑戰和困惑的時期。雖然我不能說我懷念失控的荷爾蒙、八卦和戀愛煩惱，但我確實懷念大家一起為彼此加油、共同面對挑戰、集體慶祝勝利的感覺。

如果你人生中缺乏歡慶的時刻，那就不是真正的生活。如果你在工作或其他方面獲得成功，但沒有與所有幫助你得到成功的人一起慶祝，那就不能算是真正的勝利，因為你無意識地接受了小潛力的思維——認為勝利只屬於一個人。我們現在知道，大潛能的勝利是集體的勝利，所以值得集體慶祝。

回想你人生中最快樂、最難忘的時刻。對大多數人來說，這些時刻都有個共通點：

有朋友或摯愛的陪伴。無論是婚禮慶典、生日派對、返家派對和喬遷派對，又或是節日聚餐、彌月送禮會和頒獎典禮。在我《哈佛最受歡迎的快樂工作學》和《幸福原動力》的新書發表會，我妹妹艾美烤了蛋糕，形狀像打開的書本，並用橘色跟黑色糖霜做裝飾（當然，還加了一隻以馬斯卡彭起司做成的獨角獸，那是代表她的獨特標記）。坦白說，我寫這本書的重要原因之一，是為了想再收到一個那樣的蛋糕。

慶祝是終級的動力來源，因為它們不僅突顯了我們人生中的精彩時刻，它們本身同時就是精彩時刻。

慶祝小確幸

我曾跟加州一間醫院合作，每當有癌症病人病情緩解時，一些護理師就會舉辦茶會慶祝。這個消息很快傳開了，其他的員工和醫生也紛紛要求加入。沒過多久，老病人們也聽說了這些「病情緩解派對」，他們也希望偶爾能參加。這很有意義。每個人都想慶

---

21 譯注：《*Friday Night Lights*》，改編自真實故事的高中橄欖球隊勵志片，描述德州小鎮的教練和隊員如何一起為聯賽冠軍努力完成夢想。

祝大勝利，而癌症獲得緩解無疑也是人生中最大的勝利之一。但問題在於，我們不僅需要慶祝大勝利，也應該慶賀小勝利。

我們經常等到發生重大的事件時才慶祝，像是新生命誕生、職位大晉升或畢業典禮等。這些事情肯定需要慶祝，但為什麼我們要把慶祝局限於相對少見的里程碑事件呢？實現目標的兩大動力是「感受到進步」和「覺得終點近在咫尺」。然而，有時終點線可能會感覺還很遙遠，這就使得慶祝邁向終點線的每一小步更加重要。

我跟太太蜜雪兒就親眼目睹過慶祝小勝利的力量。我們有個朋友對於丈夫在家裡甚少幫忙感到沮喪，他們夫妻倆每天都工作到很晚，當太太回家做晚餐照顧孩子時，她先生只是癱坐在沙發上看體育頻道。一開始她還會試著溫柔地要求他做些事，但說服他常要比她自己做還費力。她感到無力，並覺得自己變成了一個嘮叨的人。然而她也很快意識到，自己正把精力用在錯誤的方向；她的嘮叨不僅沒有激勵他，反而讓他更加煩躁，於是他更深陷沙發中不願起身。這是個典型惡性循環的例子。

後來蜜雪兒建議我們的朋友，與其抱怨，不如試著每週舉行一場「慶祝活動」。在那一週，如果她不再抱怨，而是主動稱讚丈夫在家裡幫忙所做的一切。（我們告訴她，這樣做時，要注意聽起來不可語帶諷刺。）一開始她覺得這個想法很瘋狂，但她還是決定試試。她不再提家裡到處堆滿他的釣魚裝備和籃球衣物，而是說：「哇，你今晚陪孩子們玩，真是幫了我一個大忙。」她也不再抱怨他從來不幫忙煮飯，而是說：「謝謝你叫比薩，真是個好主意。」整整一星期，她不斷強化她先生是個好幫手的印象。

你或許會懷疑，這麼多正面回饋是否會讓先生覺得自己做得已經夠多了，於是繼續偷懶。但結果正好相反。那週的星期四，他修好了一條已經漏了兩個月的水管；星期六時，他還主動收拾了餐桌。朋友說除非婆婆來訪，否則先生從未這樣做過。

為什麼會有這樣的改變呢？因為他正在實現太太賦予他新的自我形象。他現在認為自己是個幫手，而幫手就是要幫忙做事。

簡單地為一個人或一個團隊的陪伴、優點或日常貢獻慶祝——無論這些貢獻多麼微小或看似微不足道——都會加強他們的自我認同，讓他們看到自己是一個值得幸福和成功的人。同樣地，慶祝某人的善良、創造力或勤奮，也會幫助他們看到自己就是這樣的人。當你這樣做，你就成了一個磁鐵，能幫他們吸引更多的能量朝那個方向前進。

華頓商學院的亞當・格蘭特進行過一個有趣的研究顯示，慶祝他人的善行如何能促使他們做更多善事。具體來說，他在研究如何把人們轉變為「付出者」。大多數人認為有效的方法，是讓受試者回想他們曾無私獲得他人幫助的經歷。這個方法的出發點是，提醒自己曾受到的慷慨，會激發他們更願意回饋或傳達這份善意。然而這個方法的效果有限。

接著，研究人員決定反過來做，要求受試者回想過去他們曾慷慨助人的三次經歷。結果是，這些回憶善行的受試者，比第一組的「接受者」更願意繼續幫助他人了。原因很簡單：當人們想起自己對別人同情和慷慨的行為時，便形成了一個「我是給予者」的自我認同，而給予者就是要付出。

因此，如果你想看到大潛能的作用，何不選一個你周圍的某個人，然後在一個星期裡，不要指責他們錯誤的行為，而是稱讚他們做對的事。這裡還有個附加的好處是：你也會因此感覺很好！因為大腦注意到的事情，就會被強化。因此，主動尋找對方值得慶祝的新事物，通常就會改變你對此人的看法。

現在，別再只是關注那些會令你抓狂的事，而是提醒自己去看別人最好的一面。

二、慶祝優勢

當你不僅看到別人的優點，還予以慶祝時，不可思議的事情就會開始發生。

在豐田汽車北美零件中心的五十四個工作團隊，有四百位員工參加了一項為期一年的計畫，目的是要慶祝他們的優勢和成功。結果，倉庫的生產力提高了六%，這比平常每年正負一%的波動相比，已經是相當大的提升。另外有兩組參加更密集優勢培訓的團隊，在短短六個月內，生產力更提高了九%。

事實上，一項以六十五家機構為樣本的綜合分析發現，慶祝優勢和成功的公司不僅員工參與度更高，而且每位員工平均年度生產力增加高於一千美元。這表示員工規模為一千人的公司，每年能增加超過一百萬美元的獲利，而對參與該項研究的公司來說，則可獲得超過五百四十萬美元的收益。

在佛羅里達州的聖露西醫療中心進行的一項研究證實，這些方法還能為公司省下昂貴的人員變動成本；在該醫療中心的七百名員工，進行為期兩年的「強化員工優點」措施，結果人員流動率下降了五十%，而病人的滿意度排名則提高至一百六十%。

但很可惜的是，長期以來，大多數公司對員工的發展重點都放在改善他們的缺點上。延續我們在第五章中所談到的內容，公司主管往往會指出員工最需要改進的地方，並安排相關的培訓，然而這種做法通常只會強化問題，而不是解決問題。為什麼呢？因為當管理者將員工視為「需要改善」的人時，這種做法會在無意中將員工的能量導向錯誤的方向。

例如，被派去參加「簡報技巧」訓練的員工，會認為自己是糟糕的講者，並在潛意識中開始表現出這種負面的自我形象。而心理學家所說的「認知失調」——即當人們擁有兩種相互矛盾的想法時，會產生不安的感覺——有時比在一日培訓中學到的任何技能都更具影響力。所以現在越來越多公司更注重表揚員工的優點，而不是試圖「改善」他們。

當我為歐普拉電視網編寫幸福的線上課程時，我邀請了麥肯錫公司訓練與發展部門經理到我家進行訪談。艾希莉・威廉斯（Ashley Williams）是我在企業培訓領域見過，最具創新和效能的領導人，但她非常謙虛，而且總是將她的成功歸功於她的團隊（她是真正的稜鏡）。

在我們的訪談中，她談到以競爭激烈著稱的麥肯錫公司，如何發現他們惡名昭彰的

「批判與建設」式的績效評估風格，其實是在不斷降低績效、增加壓力，並趕走優秀的人才。

麥肯錫一向依據數據和實證來做決策，並且引以為傲，因此他們決定實證測試哪種類型的績效對話方式效果最好。結果他們發現，將更多精力和注意力放在員工的優點而非缺點上，對客戶滿意度、人才保留及提升合作夥伴的參與度都更具成效。

唯一的問題是，這個舊式的做法已在公司文化中根深柢固，特別是對於那些藉由「批判與建設」心態晉升的合夥人。因此，公司拍了一些影片，展示他們最成功的合夥人如何將對話重點放在慶祝人們的優點上。我喜歡這個做法，原因有二：首先，這代表我們確實可以改變一家公司守舊的心態。其次，這些影片展示了如何為人們提供一個清晰具體的改變範例，幫助他們看到慶祝勝利的方式，巧妙地將這兩種策略結合在一起。

即使你不是經理或在人事部門工作，也能在工作場合找到慶祝成功的方式。任何人都可以每個月舉辦一次比薩午餐會，來慶祝團隊的集體成就；任何人都能在特別繁忙的一週結束時，安排一次同樂時光，慰勞大家辛勤的工作，或者就只是因為大家都需要這樣的一個歡樂時光來放鬆心情。這個策略最棒的地方在於，你很輕易就能找到慶祝的理由和方式。

三、慶賀意義

喬治・克隆尼在義大利科莫湖有個家，他曾說：「我覺得義大利人比我們更懂得生活。這是個歷史悠久的國家，他們知道該如何享受晚餐和午餐。而我們卻只是想盡快把飯吃完，以便趕緊去做下一件事。」他說得沒錯。我們受困於工作和生活的漩渦中，經常忘了要停下來享受美食帶來的簡單快樂。但我還要補充，我們不僅要慶祝滋養我們身體的食物，也要慶祝那些滋養我們靈魂和精神的意義。

在聽完我於波士頓一場針對五千名重症照護護理師所做的演講後，來自麻州大學紀念醫療中心的安・薇佛（Anne Weaver）找到了一種方法，能在重症照護領域的種種挑戰中，找到慶祝意義的方式。她和另外三位護理師自發性地組成「快樂委員會」，他們發明名為「慶祝你，慶祝我」的遊戲。規則很簡單：每位在重症照護區工作的員工，都會被邀請寫下一件關於對同事或自己有意義的事。比如，安妮可能會寫：「莎朗在忙碌的一天會抽出幾分鐘，教我學習一些我非常需要了解的事。而我發揮幽默感安撫了一位害怕的家長。」然後，每個月被提名最多次的人將贏得一百美元（這筆錢會捐給當地的食物銀行）。

這個練習不僅讓團隊更加團結，它還有另一個重要的好處：在參與的短短三十秒內，大家必須思考同事值得慶祝的事，也要為自己找到值得慶祝的事。因為慶賀別人的成功固然重要，但如果我們不能慶祝自己的勝利，就無法實現更大的潛能。

在整本書中，我們都在談論成功和潛能如何彼此有所關連，以及如何幫助身邊的人獲得更大的成就，以提高我們個人的成就上限。但要注意：在飛機上遇到緊急情況時，我們都知道必須先戴上自己的氧氣面罩才能幫助他人。同樣的道理也適用於實現大潛能。如果我們自己的動力停滯不前，就無法幫助他人加速前進。

慶祝就是實現大潛能的氧氣。如果我們想維持已獲得的成就，就必須不斷吸入這種氧氣。不論我們處在什麼位置，都有能力創造值得慶祝的改變。慶祝得越多，生活就越有意義。如此，我們就創造並維持了一個良性循環。

結語

想改變世界，要先改變自己

隱藏的和諧勝於明顯的和諧。

——埃菲斯的赫拉克利特，西元前五百年（HERACLITUS OF EPHESUS, 500 B.C.）

肯亞的馬賽戰士是史上最驍勇善戰的鬥士，當他們彼此問候時，不像我們在西方文化裡會說「你好嗎？」而是問「孩子都好嗎？」即使對那些沒有孩子的人，正確得體的答案也應該是「孩子們都很好。」因為在他們的社會價值觀中，除非群體中的每個人都過得好，否則一個人的生活不能算是真正美好。

本書中的科學證明他們是正確的。我們不能只關心對自己有利的事情；我們還必須關心周圍每個人的狀況。

我的職業生涯始於就讀哈佛神學院時，學習基督教和佛教倫理學。我對於研究信仰體系如何影響我們的行為充滿興趣。我研讀各種宗教傳統時，發現儘管它們彼此各有差異，但都在思考類似的問題：為什麼自私會對愛造成妨礙？在失去和悲劇之後如何找到快樂？生命的意義是什麼？這些三千年前的神學家、哲學家和學者苦苦思索的存在主義問題，至今我們依然在尋求答案。從某種意義來說，這似乎令人沮喪。難道我們在解決這些難題方面，真的近乎毫無進展嗎？

我在現代世界公司、學校和個人層面，都看到類似的沮喪情緒。我見過那麼多高階主管，他們多年來辛勤工作，試圖提高員工的參與度，最終卻發現參與度急劇下降。我跟許多人談過，他們表示自己拚命努力，想要讓一英里的跑步時間低於七分鐘，但幾個月後發現又回到了九分鐘。我還見過許多醫院和非營利組織的領導人感到挫敗，因為他們覺得每年都得在同樣的會議上重複討論如何克服過勞和同情疲勞。我還見過許多父母感到困惑，因為他們傾注心血給孩子一個充滿愛的童年，卻不解孩子為何一到青春期就突然焦躁不安且叛逆。

難道沒有辦法創造真正持久的改變？難道我們注定永遠只能在原地打轉？不，我們的沮喪是源於對於更美好的事物的渴望，以及對於變革根本性的誤解。如果過去十年的研究教會了我什麼，那就是改變並非一蹴可幾。你不可能洗一次澡，就期望接下來一整年都能保持乾淨；你不可能今天運動，就希望永遠不必再運動。事實上，我們今天運動，是為了明天我們的身體還能繼續活動。我們必須時時保持警覺，不斷修復隨時間而產生的損傷。

每個個人、每個文化、每個公司、每個部落都需要的，不只是一勞永逸的解決方案，而是持續且不斷推動的正面力量。壓力和挑戰在生活中無處不在，因此積極的心態、連結和希望也必須無處不在。

這就是為什麼要變革——就如同成功、潛能和幸福一樣——都不可能獨自追求。因為真正的變革，不論大小，都需要真正理解它的人支持；它需要韌性，也需要領導力，不論我們身處什麼位置；它還需要集體動力。如果缺乏潛能的生態系統，這一切都不可能實現。

是的，從本質上來說，你是你的宇宙中最重要的人。你的世界是以你為中心而轉動。這意味著如果要讓改變成真，就必須從你開始做起。但改變不會只停留在你身上，至少，不會只靠你一個人完成。你必須與他人連結。只有這樣，我們才能保證所有的孩子都好，而且不只今天好，明天也會一樣好。

如果你一生都在追求小潛力，那麼你就如同電影《駭客任務》裡的莫菲斯所說，你一直活在「一個矇騙你雙眼的世界裡」。但現在你的眼睛已經睜開，見識到大潛能的力量，我希望你能利用這種力量找到你亟待解決問題的答案，並在你的生活和世界中創造持久的積極改變。

在如此寶貴、崇高且終生的追求中，願你能得到他人之力相助。

作者簡介

尚恩・艾科爾 Shawn Achor

世界知名的潛能開發專家、暢銷書作家、演說家，專精於快樂、成功和潛能方面的研究，並曾經協助設計哈佛大學最受歡迎課程之一的「幸福課」。

他的研究曾榮登《哈佛商業評論》封面，在TED的演說是有史以來最受歡迎的演講之一，超過一千五百萬次點閱。

在哈佛大學工作十二年後，他將其研究推廣至近半數的《財富》100強公司，並應邀至如美國國防部、非洲的貧窮學校和白宮等地分享。他的研究也發表於重要的心理學期刊，並登上《紐約時報》、《華爾街日報》、《富比士》雜誌及《財富》等知名媒體。

他與歐普拉的訪談以及在美國公共廣播電視公司的節目，閱聽群眾達數百萬。目前服務於世界快樂委員會（World Happiness Council），並持續進行研究。

譯者簡介

歐陽端端

輔仁大學英美文學碩士，紐約市立大學（The Graduate Center, City University of New York）英語文學博士候選人，曾任大學講師和寫作研究員等工作。

譯作有《Google為何打不進中國》、《改變生命》（合譯）、《快墜機了，為什麼沒人敢告訴機長》、《你的人生，不能就這樣算了》等。

DH00444

引爆大潛能：
讓個人潛力升級為集體能力的5大成功法則

作　　者—尚恩．艾科爾
譯　　者—歐陽端端
主　　編—郭香君
責任企劃—張瑋之
封面設計—陳文德
內頁排版—新鑫電腦排版工作室

總 編 輯—胡金倫
董 事 長—趙政岷
出 版 者—時報文化出版企業股份有限公司
108019台北市和平西路三段二四〇號七樓
發行專線—（〇二）二三〇六—六八四二
讀者服務專線—〇八〇〇—二三一—七〇五
（〇二）二三〇四—七一〇三
讀者服務傳真—（〇二）二三〇四—六八五八
郵撥—一九三四四七二四時報文化出版公司
信箱—10899臺北華江橋郵局第九九信箱

時報悅讀網—http://www.readingtimes.com.tw
綠活線臉書—https://www.facebook.com/readingtimesgreenlife
法律顧問—理律法律事務所　陳長文律師、李念祖律師
印　　刷—家佑印刷有限公司
初版一刷—二〇一九年一月三十一日
二版一刷—二〇二四年十一月十五日
二版二刷—二〇二四年十二月十日
定　　價—新臺幣三六〇元

時報文化出版公司成立於一九七五年，
並於一九九九年股票上櫃公開發行，於二〇〇八年脫離中時集團非屬旺中，
以「尊重智慧與創意的文化事業」為信念。

引爆大潛能：讓個人潛力升級為集體能力的5大成功法則/尚恩．艾科爾(Shawn Achor)著；歐陽端端 譯. -- 二版. -- 臺北市：時報文化出版企業股份有限公司, 2024.11
面；　公分.

譯自：Big potential : how transforming the pursuit of success raises our achievement, happiness, and well-being

ISBN 978-626-396-868-4（平裝）

1. CST: 成功法　2. CST: 潛能開發

177.2　　　　113014822

ISBN 978-626-396-868-4
Printed in Taiwan
〔本書為《共好與同贏：哈佛快樂專家教你把個人潛力變成集體能力，擴散成功與快樂的傳染力》之改版〕